CB052852

C·G· JUNG

OS LIVROS NEGROS

1913–1932

Dados Internacionais de Catalogação na Publicação (CIP)
(Câmara Brasileira do Livro, SP, Brasil)

Jung, C.G., 1875-1961
  Os livros negros, 1913–1932 : cadernos de transformação / C.G. Jung ; edição: Sonu Shamdasani ; tradução: Markus A. Hediger ; revisão da tradução: Dr. Walter Boechat. – Petrópolis, RJ : Vozes, 2020.

  Título original: The black books, 1913–1932 : notebooks of transformation
  Bibliografia.
  ISBN 978-65-571-3057-5 (Brasil)
  ISBN 978-0-393-08864-9 (Estados Unidos/Inglaterra)

  1. Livros negros 2. Psicologia junguiana I. Shamdasani, Sonu. II. Boechat, Walter. III. Título.

20-42991   CDD-150.1954

Índices para catálogo sistemático:
1. Psicologia junguiana   150.1954

Maria Alice Ferreira – Bibliotecária – CRB-8/7964

C·G· JUNG
OS LIVROS NEGROS
1913–1932
CADERNOS DE TRANSFORMAÇÃO

LIVRO I

Editado por
SONU SHAMDASANI

TRADUÇÃO
MARKUS A. HEDIGER

REVISÃO DA TRADUÇÃO
DR. WALTER BOECHAT

PHILEMON SERIES
Em colaboração com a Fundação para as Obras de C.G. Jung

EDITORA VOZES
Petrópolis

Copyright © 2020 by the Foundation of the Works of C.G. Jung.
Copyright © 2020 Sonu Shamdasani
Translation copyright © 2020 by Martin Liebscher, John Peck, and Sonu Shamdasani

Título do original em inglês: *The Black Books, 1913-1932. Notebooks of Transformation*

The Black Books, 1913–1932 é uma publicação dos herdeiros de C.G. Jung e é parte da Philemon Series, mantida pela Philemon Foundation.

Direitos de publicação em língua portuguesa – Brasil:
2020, Editora Vozes Ltda.
Rua Frei Luís, 100
25689-900 Petrópolis, RJ
www.vozes.com.br
Brasil

Todos os direitos reservados. Nenhuma parte desta obra poderá ser reproduzida ou transmitida por qualquer forma e/ou quaisquer meios (eletrônico ou mecânico, incluindo fotocópia e gravação) ou arquivada em qualquer sistema ou banco de dados sem permissão escrita da editora.

CONSELHO EDITORIAL

Diretor
Gilberto Gonçalves Garcia

Editores
Aline dos Santos Carneiro
Edrian Josué Pasini
Marilac Loraine Oleniki
Welder Lancieri Marchini

Conselheiros
Francisco Morás
Ludovico Garmus
Teobaldo Heidemann
Volney J. Berkenbrock

Secretário executivo
João Batista Kreuch

Editoração: Leonardo A.R.T. dos Santos
Diagramação: Do projeto original
Arte-finalização: Raquel Nascimento
Revisão gráfica: Fernando S.O. da Rocha/Nilton Braz da Rocha
Capa: Do projeto original
Arte-finalização: Editora Vozes

ISBN 978-65-571-3057-5 (Brasil)
ISBN 978-0-393-08864-9 (Estados Unidos/Inglaterra)

Editado conforme o novo acordo ortográfico.

Este livro foi composto e impresso pela Editora Vozes Ltda.

Sumário

LIVRO 1
Agradecimentos, 7

Em busca de uma ciência visionária:
Os cadernos de transformação de Jung, 11
Sonu Shamdasani

Nota editorial, 113
Sonu Shamdasani

Traduzindo as runas de Jung, 115
Martin Liebscher, John Peck e Sonu Shamdasani

Abreviações, 121

Apêndice, 122

Índice, 162

LIVRO 2
12 de novembro – 29 de dezembro de 1913, 149

LIVRO 3
30 de dezembro de 1913 – 14 de janeiro de 1914, 99

LIVRO 4
14 de janeiro – 9 de março de 1914, 203

LIVRO 5
13 de março de 1914 – 30 de janeiro de 1916, 203

LIVRO 6
30 de janeiro de 1916 – 21 de maio de 1917, 207

LIVRO 7
21 de maio de 1917 – 15 de dezembro de 1932, 147

Agradecimentos

A Fundação Philemon agradece a todos os patrocinadores – especialmente à ex-presidente Judith Harris – por tornarem possível esta edição. Como copresidente da fundação a partir de 2009 e presidente desde 2012, ela viabilizou e apoiou o projeto. Agradeço a ela e a Tony Woolfson por sua dedicação às obras inéditas de Jung e à minha edição delas. A Fundação Philemon agradece a Kennon McKee pela doação valiosa a este projeto.

Este projeto teve uma longa gestação antes de ser lançado formalmente. No verão de 2000, comecei a estudar os *Livros Negros* de Jung no contexto da edição do *Livro Vermelho: Liber Novus*. Repito meu agradecimento aos mencionados naquela obra, pois aquilo foi o pré-requisito para iniciar esta edição. Os *Livros Negros* e *Liber Novus* são duas partes de um corpo de manuscritos inéditos e interconectados, e a publicação dos *Livros Negros* marca o término do trabalho iniciado na época.

"O que fazemos agora?", Jim Mairs me perguntou no outono de 2009, após a publicação do *Liber Novus*. Eu sugeri os *Livros Negros*, então em exposição pública pela primeira vez no Rubin Museum em Nova York. A Philemon Foundation assumiu o projeto. Agradeço ao conselho da Philemon Foundation da época, às copresidentes Nancy Furlotti e Judith Harris, Tom Charlesworth, Gilda Frantz, Jim Hollis, Julie Sgarzi e Eugene Taylor, já falecido – como também aos membros posteriores do conselho Ann Blake, Royce Froehlich, Michael Marsman, Audrey Punnett, Richard Skues, Craig Stephenson, Janet Tatum e Caterina Vezzoli. Em 2010, Jim Mairs convenceu W.W. Norton a assumir o projeto e, após a Fundação das Obras de C.G. Jung ter concordado, começamos a trabalhar no final de 2012.

Ao analisar os *Livros Negros* em 2010, Jim Mairs esboçou, de seu jeito inimitável, uma ilustração de como ele imaginava esta edição. Em 2016, com a edição e a tradução já avançadas, Jim faleceu, e sentimos profundamente a sua falta. Agradeço aos seus colegas na W.W. Norton – especialmente a Elisabeth Kerr, que assumiu o projeto complexo e o acompanhou até a publicação. A edição foi lindamente projetada e diagramada por Laura Lindgren; mais uma vez, tem sido um prazer e um privilégio instrutivo continuar uma colaboração que começou com C.G. *Jung: uma biografia em livros* e continuou com

O *Livro Vermelho – Líber Novus – Edição sem ilustrações* e *Lamento dos Mortos*. Agradeço a Janet Bryne pela revisão meticulosa e a Charles Newman pela bela elaboração do índice.

Agradeço à Fundação das Obras de C.G. Jung por sua colaboração, que tem sido essencial para o projeto – especialmente Thomas Fischer e Ulrich Hoerni. Agradeço a Andreas e Vreni Jung por sua hospitalidade durante as numerosas visitas para consultar a biblioteca de Jung; a Andreas Jung e Susanne Eggenberger-Jung por fornecerem informações valiosas dos arquivos da família Jung; a Thomas Fischer e Bettina Kaufmann pela revisão da introdução, das anotações e da tradução; a Susanne Hoerni pela primeira transcrição do *Livro Vermelho*; e a Medea Hoch e Bettina Kaufmann por estabelecerem uma transcrição verificada completa. A responsabilidade última pela transcrição é minha.

A Fundação das Obras de C.G. Jung agradece a Ulrich Hoerni por todo o seu trabalho; a Franz Jung por dar a Ulrich Hoerni acesso aos *Livros Negros* nos meados da década de 1990, quando o material se encontrava sob os cuidados do arquivo da família Jung; a Andreas Jung por dar acesso ao material circundante do arquivo da família, que forneceu informações contextuais – em especial, o livro de sonhos de Jung e seus esboços de mandalas.

Agradeço à Paul & Peter Fritz Agency e à Fundação das Obras de C.G. Jung pela permissão de citar as cartas e manuscritos inéditos de Jung e à Fundação das Obras de C.G. Jung e a Robert Hinshaw pela permissão de citar os protocolos para *Memórias, sonhos, reflexões*.

Agradeço a Dorothea e Felix Naeff por sua hospitalidade e a Felix Naeff pela permissão de citar os diários de Toni Wolff. Agradeço a ele e a Jost Hoerni pela discussão sobre esses textos e a Ernst Falzeder pelas belas transcrições de textos desafiadores.

Em 2015, começou o trabalho de tradução. Fui apoiado por Martin Liebscher e, mais uma vez, por John Peck, que foram inestimáveis para sustentar os ânimos durante a gestação do projeto. O processo colaborativo triádico de tradução, a transferência de uma língua para outra, aprofundou minha compreensão desse trabalho, às vezes, de quebrar a cabeça: sua edição tem sido criticamente enriquecida por nossas discussões regulares de como traduzir este texto rúnico para o inglês.

Agradeço aos participantes de um seminário sobre o *Líber Novus* e a gênese da psicologia analítica, que vem acontecendo desde 2011 e tem oferecido a oportunidade para uma reflexão e discussão aprofundada.

Agradeço a Liz Greene pela discussão sobre as referências astrológicas de Jung e a Vicente de Moura pelas informações sobre Maggie Reichstein.

Na University College London, agradeço a Jo Wolff e Dilwyn Knox pelo apoio em momentos cruciais, e a James Wilson pela colaboração no estabelecimento e na administração do Health Humanities Centre.

Meu trabalho nesta edição não teria sido possível sem o apoio contínuo de Maggie Baron. Sou grato também pela bondade e pelo encorajamento de longa data de Pierre Keller.

No início do *Líber Secundus*, no *Líber Novus*, Jung escreveu: "A porta do mistério está trancada atrás de mim". Há muito tenho desejado ecoar esse sentimento, o que esta edição finalmente torna possível.

Em busca de uma ciência visionária: Os cadernos de transformação de Jung

Sonu Shamdasani

Prelúdio

Em 1935, Jung disse: "Existe um momento por volta do trigésimo quinto ano em que as coisas começam a mudar, é o primeiro momento do lado sombrio da vida, do cair para a morte. É evidente que Dante encontrou esse ponto, e aqueles que leram o *Zaratustra* sabem que Nietzsche também o descobriu. Quando esse ponto de virada chega, as pessoas reagem de várias maneiras: algumas o rejeitam; outras se lançam nele; e algo importante acontece ainda a outros. Se não virmos uma determinada coisa, o Destino fará com que a vejamos".[1] Em 1913, ele já tinha se estabelecido como um dos baluartes da psiquiatria europeia e era presidente da florescente Associação Psicanalítica Internacional. Como lembrou no *Líber Novus*: "[Eu] havia alcançado tudo o que eu desejara. Havia conseguido fama, poder, riqueza, saber e toda a felicidade humana. Cessou minha ambição de aumentar esses bens, a ambição retrocedeu em mim, e o pavor se apoderou de mim".[2] Ele alcançou um ponto de virada que transformaria sua vida e seu trabalho: por meio disso, Jung *se tornou* Jung, e a psicologia analítica emergiu como uma psicologia geral e uma escola de psicoterapia.

Essa transformação ocorreu por meio da exploração da imaginação visionária, mapeada nos *Lívros Negros* entre 1913 e 1932. Estes não são diários pessoais, mas os registros de uma autoexperimentação singular que Jung chamou seu

---

1 Preleção no Instituto Federal de Tecnologia (ETH), na Suíça, em 14 de junho de 1935 (in: HANNAH, B. (org.). *Modern Psychology, Vols. 1 and 2*: Notes on Lectures Given at the Eidgenössische Technische Hochschule, Zürich, by Prof. Dr. C.G. Jung, October 1933-July 1935. 2. ed. Zurique: impressão particular, 1959, p. 223).

2 *LN*, p. 116.

"confronto com sua alma" e seu "confronto com o inconsciente".[3] Ele não registrou neles eventos cotidianos ou eventos externos, mas sim suas imaginações ativas, representações de seus estados mentais e reflexões sobre eles. A partir das fantasias contidas neles, entre 1913 e 1916, Jung compôs o *Esboço* do *Líber Novus*, o *Livro Vermelho*, que, então, transcreveu para um volume caligráfico ilustrado com pinturas. As pinturas a partir de 1916 no *Livro Vermelho* estão relacionadas às explorações continuadas de Jung nos *Livros Negros*. O *Líber Novus* e os *Livros Negros* estão, portanto, intimamente interligados. Os *Livros Negros* abarcam o antes, o durante e o depois do *Líber Novus*.

O *Líber Novus* nasceu dos *Livros Negros*. Ele inclui a meditação de Jung sobre suas fantasias entre 1913 e 1916 e seu entendimento do significado de suas experiências até então. Na opinião de Jung, seu empreendimento pertencia não só a ele mesmo, mas também a outros; ele tinha chegado a ver suas fantasias como provenientes de uma camada mitopoética geral da psique, que ele chamou de inconsciente coletivo. A partir dos cadernos de anotação de uma autoexperimentação, ele criou uma obra psicológica em forma literária e teogônica. As explorações continuadas de Jung da imaginação visionária nos *Livros Negros* de 1916 mapeiam a evolução de seu entendimento e demonstram como ele buscou desenvolver e estender suas percepções adquiridas e incorporá-las à vida. Ao mesmo tempo, permitem que suas pinturas feitas a partir de 1916 sejam entendidas no contexto da evolução da iconografia de sua cosmologia pessoal.

Dada a sobreposição dos *Livros Negros* e do *Líber Novus*, especialmente entre 1913 e 1916, esta introdução repete necessariamente, em forma revisada e expandida, seções da introdução ao *Líber Novus*, vistas agora de um ângulo diferente, já que ambas as obras surgem de um mesmo contexto e de uma cronologia compartilhada. Mas esta introdução se concentra mais no desdobramento da autoexperimentação visionária de Jung e fornece uma contextualização mais completa do período posterior de 1916 a 1932. Semelhantemente, uma parte das anotações da edição Norton de 2009 do *Líber Novus* foi transferida para a primeira parte desta edição. No início do século XX, não era incomum que uma obra fosse expandida e remodelada ao longo de várias edições. Várias das publicações essenciais de Jung, como, por exemplo, *A psicologia do processo inconsciente*, são exemplos perfeitos disso. Esta introdução se insere nesse gênero.

---

3 *MP*, p. 252: *Memórias*, cap. 6: Jung usou a segunda expressão pela primeira vez publicamente em 1916, em "A função transcendente" (OC 8/2, § 183).

A intoxicação da mitologia

Vocatus atque non vocatus, Deus aderit: Chamado ou não, Deus estará presente. Em 1908, Jung inscreveu esse provérbio no portal de sua casa que construiu em Küsnacht, na costa superior do Lago de Zurique. Trata-se de uma citação do oráculo délfico, reproduzida na obra do humanista renascentista holandês Erasmo, *Collectanea adagiorum*, provérbios de autores clássicos.[4] Jung acompanhou de perto os trabalhos na planta da casa.[5] No ano seguinte, ele se demitiu de sua posição como médico sênior no Hospital Burghölzli para se dedicar ao seu consultório em crescimento e aos seus interesses de pesquisa. Ele manteve sua posição como conferencista na escola de medicina, onde continuou a administrar cursos sobre psicologia do inconsciente e psicanálise.[6]

Sua demissão do Burghölzli coincidiu com uma mudança em seus interesses de pesquisa, que passaram a se concentrar no estudo de mitologia, folclore e religião; e ele reuniu uma vasta biblioteca particular com obras acadêmicas. Essas pesquisas culminaram em *Transformações e símbolos da líbido*, publicado em dois fascículos em 1911 e 1912. Demarcou um retorno às raízes intelectuais de Jung e às suas preocupações culturais e religiosas. O trabalho mitológico foi excitante e intoxicante. "Parecia estar vivendo num manicômio construído por mim mesmo", ele lembrou em 1925. "Eu circulava com todas estas figuras fantásticas: centauros, ninfas, sátiros, Deuses e Deusas, como se fossem pacientes e eu os estivesse analisando. Eu lia um mito grego ou negro como se um maluco estivesse me contando sua anamnese".[7] O final do século XIX testemunhou uma explosão de erudição nas disciplinas recém-fundadas de religião comparada e etnopsicologia. Textos primários foram reunidos e traduzidos pela primeira vez e submetidos à erudição histórica em coleções como os *Sacred Books of the East*, de Max Müller.[8] Para muitos, essas obras representavam uma relativização importante da visão cristã do mundo.

---

4 ERASMO DE ROTERDÃ. *Opera Omnia*, II-3. Amsterdã: Elsevier, 2005, p. 240-241.

5 Cf. JUNG, A.; MICHEL, R.; RÜGG, A.; ROHRER, J. & GANZ, D. *The House of C.G. Jung*: The History and Restoration of the Residence of Emma and Carl Gustav Jung-Rauschenbach. Zurique: Stiftung C.G. Jung Küsnacht, 2009.

6 Entre 1909 e 1914, Jung administrou cursos sob os seguintes títulos: "Curso de psicoterapia com demonstrações", "Psicopatologia da histeria", "Introdução à psicanálise" e "Psicologia do inconsciente" (arquivo estatal, Zurique).

7 *Seminários sobre psicologia analítica (1925)*. Petrópolis: Vozes, 2014, p. 64 [ed. rev. Sonu Shamdasani; org. original William McGuire].

8 Oxford: Clarendon, 1879-1910, 50 vols. Jung possuía a série completa.

Em *Transformações e símbolos da libido*, Jung diferenciou dois tipos de pensamento. Inspirando-se em William James, entre outros, ele contrastou pensamento direcionado com pensamento fantástico. O primeiro era verbal e lógico. O segundo era passivo, associativo e imagético. O primeiro era exemplificado pela ciência; o segundo, pela mitologia. Jung afirmava que faltava aos antigos uma capacidade de pensamento direcionado, que era uma aquisição moderna. O pensamento fantástico ocorria quando o pensamento direcionado cessava. *Transformações e símbolos da libido* era um estudo extenso sobre o pensamento fantástico e sobre a presença continuada de temas mitológicos nos sonhos e nas fantasias de indivíduos contemporâneos. Jung reiterou a equação antropológica entre o pré-histórico, o primitivo e a criança. Ele defendia que a elucidação do pensamento fantástico contemporâneo em adultos simultaneamente lançaria luz sobre o pensamento de crianças, selvagens e povos pré-históricos.[9]

Em sua obra, Jung sintetizou teorias sobre memória, hereditariedade e o inconsciente do século XIX e propôs uma camada filogenética do inconsciente, ainda presente em todos, que consistia em imagens mitológicas. Para Jung, os mitos eram símbolos da libido e retratavam seus movimentos típicos. Ele usou o método comparativo da antropologia para agrupar uma vasta panóplia de mitos e então os submeteu à interpretação analítica. Mais tarde, Jung chamou seu uso do método comparativo de "amplificação". Ele afirmava que precisavam existir mitos típicos, que correspondiam ao desenvolvimento etnopsicológico de complexos. Seguindo Jacob Burckhardt, chamou tais mitos típicos de "imagens primordiais" [*Urbilder*]. Ele atribuiu um papel central a um mito específico: ao mito do herói. Para Jung, este representava a vida do indivíduo que tenta tornar-se independente e libertar-se da mãe. Ele interpretou o motivo do incesto como tentativa de retornar à mãe para renascer. Mais tarde, ele anunciaria esse trabalho como marco da descoberta do inconsciente coletivo, mesmo que o termo em si tenha surgido apenas mais tarde.[10]

Em seu prefácio à revisão de 1952 de *Transformações e símbolos da libido*, Jung observou que a obra foi escrita em 1911, em seu trigésimo sexto ano: "Esta é uma época crítica, pois representa o início da segunda metade da vida de um

---

9 JUNG, C.G. *A psicologia do processo inconsciente* (CW B, § 36). Em sua revisão de 1952 desse texto, Jung moderou isso (*Símbolos da transformação*, 1952, OC 5, § 29).

10 "Discurso por ocasião da fundação do Instituto C.G. Jung em Zurique, 24 de abril de 1948", OC 18, § 1131.

homem, quando não raro ocorre uma *metánoia*, uma retomada de posição na vida".[11] Ele estava ciente da perda de sua colaboração com Freud e estava em dívidas com sua esposa pelo apoio dela. Após completar a obra, ele percebeu a importância do que significava viver sem um mito. Uma pessoa sem um mito "é como uma pessoa desarraigada, sem nenhum vínculo verdadeiro com o passado ou com a vida ancestral que continua nele, nem com a sociedade humana contemporânea".[12]

> Fui levado a me perguntar com toda seriedade: "Qual é o mito que você está vivendo?" Não encontrei nenhuma resposta a essa pergunta e tive que admitir que eu não estava vivendo com um mito, nem mesmo num mito, mas numa nuvem incerta de possibilidades teóricas que eu estava começando a considerar com uma desconfiança crescente [...]. Assim, da maneira mais natural, assumi a tarefa de conhecer "meu" mito, e eu considerei isso a tarefa das tarefas, pois — assim disse a mim mesmo — como eu poderia, ao tratar meus pacientes, dar a devida margem ao fator pessoal, à minha equação pessoal, tão necessários para um conhecimento da outra pessoa, se eu estava inconsciente dele?[13]

O estudo do mito revelara a Jung a sua carência de mitos. Então, ele se pôs a conhecer seu mito, sua "equação pessoal".[14] Vemos assim que a autoexperimentação que ele empreendeu pela exploração de seu próprio pensamento fantástico foi, em parte, uma resposta direta a perguntas teóricas levantadas pela pesquisa que culminou em *Transformações e símbolos da líbido*.

"Meu experimento mais difícil"

Em 1912, Jung teve alguns sonhos significativos que ele não entendeu. Atribuiu uma importância especial a dois deles, que, como sentia, apontavam as limitações das concepções de sonhos de Freud. O primeiro:

---

11 CW B, p. xxvi.
12 Ibid., p. xxix.
13 Ibid.
14 Cf. *Seminários sobre psicologia analítica*, p. 65.

Eu estava numa cidade meridional, rua estreita ascendente com degraus estreitos. Eram doze horas – sol radiante. Um velho guarda aduaneiro austríaco ou algo semelhante passa por mim – perdido em pensamentos. Alguém diz: É alguém que não pode morrer. Apesar de ter morrido há uns 30 ou 40 anos, ele ainda não conseguiu se decompor. Então vem uma figura curiosa, um cavaleiro de estatura poderosa, protegido por uma armadura amarelada. Ele parece ser firme e impenetrável, e nada o impressiona. Em suas costas, tem uma Cruz de Malta vermelha. Ele ainda existe desde o século XII e, todos os dias, percorre o mesmo caminho entre o meio-dia e uma hora da tarde. Ninguém se admira dessas duas aparições, mas eu me admiro sem medida.

Calo-me sobre as minhas habilidades interpretativas. O velho austríaco me fez pensar em <u>Freud</u>, o cavaleiro lembrou-me de mim mesmo.[15]

Jung vivenciou o sonho como opressivo e desconcertante, e Freud foi incapaz de interpretá-lo.[16] O segundo veio meio ano mais tarde:

Na época (foi pouco tempo após o Natal de 1912), sonhei que, juntamente com meus filhos, eu estava sentado no quarto maravilhosamente equipado de uma torre – que possuía colunas abertas – estávamos sentados a uma mesa redonda, cujo tampo era uma maravilhosa pedra verde-escura. De repente, entra voando uma gaivota ou uma pomba e pousa levemente na mesa. Pedi que as crianças permanecessem calmas para que não afugentassem o lindo pássaro branco. Logo a ave se transformou numa criança de mais ou menos oito anos de idade, uma pequena menina loura, e, brincando, ela correu com meus filhos pelos maravilhosos corredores de colunas. Então, de repente, a criança voltou a se transformar em pomba ou gaivota. Ela me disse o seguinte: "<u>Apenas nas primeiras horas da noite posso transformar-me numa pessoa, enquanto o pombo estiver ocupado com os doze mortos</u>". Com essas palavras, o pássaro saiu voando, e eu acordei.[17]

Em 1925, Jung comentou que esse sonho "foi o início de uma convicção de que o inconsciente não consistia apenas de material inerte, mas havia nele algo

---

15 *Livro 2*, p. 160-161.

16 Para a compreensão subsequente de Jung desse sonho, cf. *Livro 2*, nota 53.

17 *Livro 2*, p. 156.

vivo".[18] Acrescentou que pensou na história da *Tabula Smaragdina*, nos doze apóstolos, nos signos do zodíaco e assim por diante, mas ele "não conseguia entender nada do sonho, exceto que havia uma tremenda animação do inconsciente. Eu não conhecia nenhuma técnica de chegar até ao fundo dessa atividade; tudo o que eu podia fazer era apenas esperar, continuar vivo e observar as fantasias".[19] Esses sonhos o levaram a analisar as lembranças de sua infância.

Enquanto estava empenhado nessa atividade autoanalítica, ele continuou a desenvolver sua obra teórica. No Congresso Psicanalítico em Munique, de 7 a 8 de setembro de 1913, ele falou sobre tipos psicológicos. Ele argumentou que existiam dois movimentos básicos da libido: a extroversão, na qual o interesse do sujeito era direcionado para o mundo exterior, e a introversão, na qual o interesse do objeto era direcionado para si mesmo. Partindo disso, ele postulou dois tipos de pessoas, caracterizados por uma predominância de uma dessas tendências. As psicologias de Freud e Alfred Adler eram exemplos do fato de que, muitas vezes, os psicólogos julgavam como universalmente válido aquilo que se aplicava ao seu tipo. Daí a necessidade de uma psicologia que fizesse jus a ambos os tipos.[20]

No mês seguinte, numa viagem de trem a Schaffhausen, ao passar pelas Cataratas do Reno, e perto do local em que tinha passado seus primeiros anos, Jung teve uma visão desperta da Europa sendo devastada por uma enchente catastrófica, que se repetiu duas semanas mais tarde na mesma viagem. Como contou posteriormente no *Liber Novus*:

Vi um dilúvio gigantesco que encobriu todos os países nórdicos e baixos entre o Mar do Norte e os Alpes. Estendia-se da Inglaterra até a Rússia, das costas do Mar do

---

18 *Seminários sobre psicologia analítica*, p. 80.

19 Ibid., p. 81. Numa conversa com o psiquiatra E.A. Bennet, seu amigo e biógrafo, ele lembrou: "A princípio, ele pensava que os 'doze homens mortos' se referiam aos doze dias antes do Natal, pois é um período escuro do ano, quando, tradicionalmente, as bruxas correm soltas. Dizer 'antes do Natal' significa dizer 'antes que o sol volte a viver', pois o dia de Natal ocorre num ponto de virada do ano em que o nascimento do sol era celebrado na religião mitraica [...]. Foi apenas muito mais tarde que ele relacionou o sonho a Hermes e os doze pombos" (*Meetings with Jung*: Conversations Recorded by E.A. Bennet during the Years 1946-1961. Londres: Anchor, 1982/Zurique: Daimon, 1985, p. 93). Em "Aspectos psicológicos da Core" (1941), Jung apresentou algum material do *Liber Novus* (descrevendo-o como parte de uma série de sonhos) em forma anônima ("Caso Z."), traçando as transformações da *anima*. Ele observou que o sonho relatado aqui "caracteriza a *anima* como um ser natural élfico, isto é, apenas parcialmente humano. Pode também ser um pássaro, isto é, pertencer inteiramente à natureza e desaparecer de novo (tornar-se inconsciente) da esfera humana (da consciência)" (OC 9/1, § 371).

20 "A questão dos tipos psicológicos", OC 6.

Norte até quase os Alpes. Eu via as ondas amarelas, os destroços flutuando e a morte de incontáveis milhares.[21]

Depois da segunda ocorrência, ele ouviu uma voz interior, que disse: "Observa bem, é totalmente real e assim será. Não podes desesperar por isso".[22] Em 1925, descreveu o evento da seguinte maneira:

Eu estava viajando de trem e tinha nas mãos um livro que eu estava lendo. Comecei a dar curso à fantasia e, antes de dar-me conta, eu estava na cidade para onde me dirigia. A fantasia era esta: Eu estava olhando o mapa da Europa em relevo. Eu via toda a parte setentrional e a Inglaterra afundando, de modo que o mar a cobriu. Cheguei à Suíça e então vi as montanhas ficando cada vez mais altas para proteger a Suíça. Dei-me conta de que estava em curso uma catástrofe medonha, cidades e pessoas foram destruídas e os destroços e cadáveres estavam boiando de um lado para outro na água. Então todo o mar transformou-se em sangue. No começo fiquei apenas observando calmamente, e depois o sentimento da catástrofe apossou-se de mim com força tremenda.[23]

Ao comentar sobre isso, ele observou: "Eu poderia ser considerado como a Suíça cercada de montanhas e a submersão do mundo poderia ser as ruínas de minhas relações anteriores".[24] Isso o levou ao seguinte diagnóstico de sua condição: "Pensei comigo: 'Se isto significa alguma coisa, significa que estou irremediavelmente perdido'. Eu tinha o sentimento de que eu era uma psicose supercompensada e deste sentimento não me livrei até o dia 1º de agosto de 1914".[25] Depois dessa experiência, Jung temia enlouquecer.[26] Ele lembrou que, a princípio, achava que as imagens da visão indicavam uma revolução; mas, já que não conseguia imaginar isso, ele concluiu que estava "ameaçado por uma psicose".[27] Depois disso, teve uma visão semelhante:

---

21 *LN*, p. 113.
22 Ibid.
23 *Seminários de psicologia analítica*, p. 82.
24 Ibid., p. 84.
25 Ibid. p. 85.
26 Barbara Hannah lembra: "Jung costumava dizer em anos posteriores que suas dúvidas atormentadoras em relação à sua própria sanidade deveriam ter sido aliviadas pelo sucesso que estava tendo na mesma época no mundo exterior, especialmente na América do Norte" (C.G. *Jung: His Life and Work* – A Biographical Memoir. Nova York: Perigree, 1976, p. 109).
27 *MP*, p. 23.

Durante o inverno, eu estava à janela na noite profunda e olhava para o Norte. Lá, vi um brilho de cor vermelho-sangue, que se estendia do Leste ao Oeste sobre o horizonte no Norte, como o tremeluzir do mar visto de longe. E alguém me perguntou naquele tempo o que eu pensava sobre o futuro do mundo. Eu lhe disse que não tinha pensado, mas vi sangue, rios de sangue.[28]

Nos anos diretamente precedentes à irrupção da guerra, imagens apocalípticas eram comuns nas artes e na literatura da Europa. Em 1912, por exemplo, o pintor russo Wassily Kandinsky escreveu sobre uma catástrofe universal vindoura. Entre 1912 e 1914, Ludwig Meidner pintou uma série de obras conhecidas como paisagens apocalípticas, com cenas de cidades destruídas, cadáveres e revoltas.[29] Profecia estava no ar. Em 1899, a famosa médium norte-americana Leonora Piper predisse que, no próximo século, haveria uma guerra terrível em diferentes partes do mundo, que purificaria o mundo e revelaria as verdades do espiritualismo. Em 1918, Arthur Conan Doyle, o espiritualista e autor das histórias de Sherlock Holmes, viu isso como tendo sido profético.[30]

No relato de Jung da fantasia no trem no *Líber Novus*, a voz interior disse que aquilo que a fantasia retratava se tornaria completamente real. Parece provável que aquilo que ocorreu tenha sido uma visão hipnagógica – ou seja, ele entrou num fluxo de imagens em um estado de sonolência durante a leitura de um livro. Inicialmente, ele interpretou isso de forma subjetiva e prospectiva, como retratando a destruição iminente de seu mundo. Sua reação à experiência foi realizar uma investigação psicológica de si mesmo. Em sua época, a autoexperimentação era usada na medicina e psicologia. A introspecção foi uma das ferramentas principais da pesquisa psicológica.

Jung veio a perceber que *Transformações e símbolos da líbido* "pode ser considerado como sendo eu mesmo e que uma análise dele leva inevitavelmente a uma análise de meus próprios processos inconscientes".[31] Ele tinha projetado seu material sobre as fantasias de uma mulher norte-americana que ele nunca

---

28 *Esboço, JFA*, p. 8.
29 BREUER, G. & WAGEMANN, I. *Ludwig Meidner*: Zeichner, Maler, Literat 1888-1966. Vol. 2. Stuttgart: Gerd Hatje, 1991, p. 124-149. Para um estudo detalhado sobre esse tema, cf. WINTER, J. *Sites of Memory, Sites of Mourning*: The Great War in European Cultural History. Cambridge: Cambridge University Press, 1995, p. 145-177.
30 DOYLE, A.C. *The New Revelation and The Vital Message*. Londres: Psychic, 1918, p. 9.
31 *Seminários sobre psicologia analítica*, p. 67.

encontrou – Miss Frank Miller. Até então, Jung era um pensador ativo e avesso a fantasias: "como forma de pensamento eu considerava a fantasia totalmente impura, uma espécie de relação sexual incestuosa completamente imoral de um ponto de vista intelectual".[32] Agora, voltou sua atenção para a análise de suas fantasias, cuidadosamente anotando tudo, e teve que superar uma resistência considerável ao fazer isso: "Permitir a fantasia em mim mesmo causava-me o mesmo efeito que seria produzido num homem se ele entrasse em sua oficina e encontrasse todos os instrumentos circulando para cá e para lá, fazendo coisas independentemente da vontade dele".[33] Ao estudar suas fantasias, Jung percebeu que estava estudando a função criadora de mitos da mente:

> Lembrei-me de que, até 1900, eu tinha mantido um diário e pensei que isso seria uma possibilidade para tentar observar a mim mesmo. Isso seria uma tentativa de meditar sobre mim mesmo, e comecei a descrever meus estados interiores. Estes se apresentaram a mim numa metáfora literária: por exemplo, eu estava num deserto, e o sol brilhava insuportavelmente (sol = o consciente).[34]

Seu primeiro passo foi tentar encontrar imagens correlatas aos seus estados emocionais. Ele pegou seu caderno marrom, que ele pusera de lado em 1902, e começou a escrever nele.[35]

Lembrou-se que, em sua infância, gostava de construir casas e estruturas e retomou isso para se reconectar com aquele tempo.[36] Ele construiu uma igreja com uma pedra vermelha em forma de pirâmide como altar, reunindo pedras da beira do lago no fundo de seu jardim. Isso o lembrou de seu sonho de infância do falo subterrâneo.[37] Ele costumava fazer isso depois do almoço e, às vezes, também à noite. Isso clareou seus pensamentos e o levou a perceber fantasias, que anotou nos *Livros Negros*.[38] Teve a sensação de que estava praticando um rito, como na mitologia. No que diz respeito à sua escrita, lembrou em 1925: "A fim de tentar alcançar o máximo de honestidade comigo mesmo, anotei tudo com muito cuidado, seguindo a antiga ordem grega: 'Entrega tudo que possuis

---

32 Ibid.
33 Ibid.
34 *MP*, p. 23.
35 Os cadernos subsequentes são pretos. Por isso, Jung se referiu a eles como *Livros Negros*.
36 *Memórias*, p. 180.
37 Ibid., p. 34.
38 *MP*, p. 156-157.

e então receberás'". Era uma citação da liturgia mitraica.[39] Jung teve a ideia de anotar suas reflexões numa sequência. Ele estava "escrevendo material autobiográfico, mas não como uma autobiografia".[40] Desde os diálogos platônicos, a forma dialógica tem sido um gênero importante na filosofia ocidental. Em 387 d.C., Santo Agostinho escreveu seus *Solilóquios*, um diálogo extenso entre ele mesmo e a "Razão", que o instrui. A obra começa com estas linhas:

> Quando, por muito tempo, ponderava comigo mesmo sobre muitas coisas e, durante muitos dias, procurava a mim mesmo e qual era o meu próprio bem e que mal devia ser evitado, de repente, uma voz me falou — o que era? Eu mesmo ou outro qualquer, dentro ou fora de mim? (é isso que eu adoraria saber, mas não sei).[41]

Enquanto escrevia o *Livro 2*, ele levantou uma pergunta:

> Eu disse certa vez para mim mesmo: "O que é isto que estou fazendo? Certamente não é ciência, mas o que é?" Então uma voz me disse: "Isto é arte". Isso me causou o mais estranho tipo de impressão, porque de maneira nenhuma eu estava convencido de que aquilo que eu estava escrevendo era arte. Então cheguei ao seguinte: "Talvez meu inconsciente esteja formando uma personalidade que não sou eu, mas que insiste em se expressar". Não sei exatamente por que, mas eu tinha toda a certeza de que a voz que dissera que meus escritos eram arte viera de uma mulher [...]. Ora, eu disse com toda a ênfase a essa voz que aquilo que eu estava fazendo não era arte, e senti uma grande resistência crescendo dentro de mim. Mas não surgiu nenhuma voz e eu continuei escrevendo. Então recebi outro tiro disparado como o primeiro: "Isto é arte". Desta vez agarrei-a e disse: "Não, não é" e senti como se fosse seguir-se um debate.[42]

---

39 *Seminários sobre psicologia analítica*, p. 87-88. Ele tinha citado as mesmas linhas em 31 de agosto de 1910, numa carta a Freud, postulando-as como lema para a psicanálise (McGUIRE, W. (org). *The Freud/Jung Letters*: The Correspondence Between Sigmund Freud and C.G. Jung. Princeton: Princeton University Press/Bollingen Series, 1974, p. 350).

40 *Seminários sobre psicologia analítica*, p. 85.

41 AGOSTINHO. *Soliloquies and Immortality of the Soul*. Warminster: Aris & Phillips, 1990, p. 23 [org. e trad. Gerard Watson]. Watson comenta que Agostinho "acabara de passar por um período de tensão intensa, próximo a um colapso nervoso, e os Solilóquios são uma forma de terapia, um esforço para curar a si mesmo através da fala, ou melhor, através da escrita" (p. v).

42 *Seminários sobre psicologia analítica*, p. 82-83. O relato de Jung aqui sugere que esse diálogo ocorreu no outono de 1913. Mas isso não é certo, pois o diálogo em si não ocorre nos *Livros Negros* e, até hoje, nenhum outro manuscrito veio à luz. Se seguirmos essa datação, e na ausência de outro material de

Ele pensava que essa voz era "a alma no sentido primitivo", que ele chamou de *anima* (o termo latino para alma).[43] "Pondo por escrito todo este material para análise, eu estava na verdade escrevendo cartas à minha *anima*, ou seja, a uma parte de mim mesmo que tinha um ponto de vista diferente do meu. Recebi observações de um novo personagem – eu estava em análise com um espírito e uma mulher".[44] Em retrospectiva, ele se lembrou que era a voz de uma paciente holandesa que ele conhecera entre 1912 e 1918 e que convencera um colega psiquiatra que este era um artista incompreendido. A mulher tinha pensado que o inconsciente era arte, mas Jung insistiu que era natureza.[45] Anteriormente, tenho argumentado que a mulher em questão era Maria Moltzer e que o psiquiatra em questão era o amigo e colega de Jung Franz Riklin, que abandonou cada vez mais a análise pela pintura. Em 1913, ele se tornou aluno de Augusto Giacometti, o tio de Alberto Giacometti e um importante pintor abstrato por direito próprio.[46]

A primeira sequência – de novembro a dezembro de 1913 – poderia ser caracterizada como busca por um método. Retrata como Jung se volta para a sua alma e empreende uma reavaliação de sua vida, uma transvaloração de valores. Até então, ele estava sendo bem-sucedido e alcançara tudo que ambicionava. Então veio a visão a caminho de Schaffhausen, que fez com que ele retornasse para a sua alma. Ele se considerava um anacoreta em seu próprio deserto, tentando encontrar metáforas visuais para conter e expressar sua experiência.[47] Experimentou dúvida e confusão. Não houve movimento até 11 de dezembro, portanto, dirigiu-se à sua alma durante um mês antes de receber uma resposta.

Agora, desenvolveu-se um diálogo.[48] Sua alma lhe disse que ela não era sua mãe. Que deveria ter paciência; o caminho para a verdade viria àqueles sem intenções, e ele deveria perceber que intenções limitam a vida. Ele falou de seu

---

    apoio, parece que a voz estava comentando sobre os registros de novembro no *Livro 2*, não sobre o texto subsequente ou pinturas no *LN*.

43 *Seminários sobre psicologia analítica*, p. 85.

44 Ibid., p. 87.

45 *MP*, p. 171.

46 Em geral, as pinturas de Riklin seguiam o estilo de Augusto Giacometti: obras semifigurativas e totalmente abstratas, com cores suaves e flutuantes (propriedade particular, Peter Riklin). Uma pintura de Riklin de 1915-1916, *Verkündigung*, no Kunsthaus em Zurique, foi doada por Maria Moltzer em 1945.

47 *Livro 2*, p. 164-165.

48 Ibid., p. 165-166.

sentimento de autodesprezo, e sua alma lhe disse que isso estava fora de questão; desprezo só seria um tema se ele fosse completamente fútil. Ela perguntou se ele sabia quem ela era; ele a tinha transformado numa fórmula morta? Em 12 de dezembro, como contou em seu seminário de 1925,

> não sabendo o que viria depois, pensei que talvez precisasse de mais introspecção. Quando praticamos a introspecção, olhamos para dentro e vemos se existe alguma coisa a ser observada e, se não existe nada, podemos abandonar o processo introspectivo ou encontrar um meio de "perfurar" até penetrar no material que escapa ao primeiro exame. Projetei um tal método de perfuração, fantasiando que eu estava cavando um buraco, e aceitando essa fantasia como perfeitamente real.[49]

É provável que Jung já tivesse começado a escavar buracos físicos em seu jardim, junto à água, para liberar suas fantasias. Então começou a imaginar que estava fazendo o mesmo sentado em sua biblioteca. Ele desceu para as profundezas, e uma sequência de fantasias se desdobrou.[50] Seu "eu" se achou numa caverna escura. Ele viu uma pedra vermelha, que ele tentou alcançar através de água lamacenta. A pedra cobria uma abertura na rocha. Ele aproximou sua orelha da abertura e ouviu um rio e viu como uma pessoa, que havia sido morta, passou flutuando e viu também um escaravelho preto. Um sol vermelho brilhava no fundo do rio, e havia serpentes na parede, que se arrastavam em direção do sol e finalmente o cobriram. Sangue começou a jorrar e então estancou. Isso foi uma imagem forte e assustadora. Durante aquilo que se desdobrava ele estava envolvido passivamente, como um espectador.

Esse processo mudou em 21 de dezembro.[51] Ele encontrou as figuras de Elias, da Salomé cega e de uma serpente. O "eu" de Jung olhou para uma pedra e viu nela Eva, seguida por Odisseu em suas viagens. Elias disse ao "eu" de Jung que Salomé era sua filha e que eles haviam sido companheiros desde toda a eternidade. Salomé disse ao "eu" de Jung que ela o amava. Elias lhe disse que Salomé amava um profeta e anunciou o Deus novo ao mundo. O "eu" de Jung ficou chocado diante de tudo isso. Ouviu música selvagem. Ele se perguntou se

---

49 *Seminários de psicologia analítica*, p. 88.
50 *Livro 2*, p. 168ss.
51 Ibid., p. 180.

Salomé o amava porque ele tinha assassinado o herói.[52] Ele teve outros encontros com Elias e Salomé em 22 e 25 de dezembro.

Essas fantasias críticas sinalizaram um avanço de um testemunho passivo para um envolvimento ativo. Ele rompera uma barreira; encontrou e consolidou um método. Confiando na visão de sua alma, ele entrou numa interação com as figuras, as ouviu e permitiu que elas o instruíssem. Essa se tornou sua *via regia* ao mundo de imagens. As fantasias nos *Livros Negros* podem ser entendidas como um tipo de pensamento dramatizado em forma pictórica. A leitura delas evidencia o impacto dos estudos mitológicos de Jung. Algumas das figuras e concepções derivam diretamente de suas leituras. A forma e o estilo de suas fantasias dão testemunho de seu fascínio com o mundo dos mitos e a literatura épica. Nesses registros, Jung é, ao mesmo tempo, um participante e um escriba de seus dramas de imagens interiores, dando testemunho daquilo que ele encontrou. A primeira fase de seu empreendimento pode ser caracterizada como busca religiosa, como esforço para recuperar um senso de sentido em sua vida.

Em dezembro de 1913, ele se referiu ao primeiro *Livro Negro* como o "livro dos meus experimentos mais difíceis".[53] Em retrospectiva, lembrou:

> Minha pergunta "científica" era: o que aconteceria se eu desligasse o consciente? Em meus sonhos, percebi que havia algo no segundo plano e eu queria dar àquilo uma chance justa de vir à frente. Submetemo-nos às condições necessárias – como num experimento de mescalina – para que ele emerja.[54]

Num registro posterior em seu livro de sonhos, de 17 de abril de 1917, ele anotou: "desde então, exercícios frequentes no esvaziamento do consciente".[55] Essas afirmações indicam que seu interesse estava voltado para o estudo daquilo que emergia quando esvaziava o consciente e permitia que aquilo que estava no segundo plano emergisse. Seu procedimento era claramente intencional – enquanto seu objetivo era permitir que conteúdos psíquicos emergissem espontaneamente. Lembrou: "Às vezes, era como se eu ouvisse com ouvidos. Às vezes, eu sentia na boca, como se minha língua formulasse palavras, e então

---

52 Siegfried, que ele tinha abatido recentemente num sonho (ibid., p. 175).
53 Ibid., p. 172.
54 *MP*, p. 381.
55 *JFA*, p. 9.

acontecia que eu me ouvia sussurrar uma palavra para mim mesmo. Sob o limiar do consciente, tudo estava vivo".[56]

Jung tinha uma experiência extensa no estudo de médiuns em estados de transe, durante os quais eles eram encorajados a produzir fantasias acordadas e alucinações visuais, e ele havia conduzido experimentos com escrita automática. Práticas de visualização também haviam sido usadas em várias tradições religiosas. O quinto exercício espiritual de Inácio de Loyola, por exemplo, instrui os indivíduos a "ver com os olhos da imaginação o comprimento, a largura e a profundidade do inferno" e a experimentar isso com pleno imediatismo sensorial.[57] Emanuel Swedenborg (1688-1772) se empenhava na "escrita espiritual". Um registro em seu diário espiritual diz:

26 de jan., 1748. – Os espíritos, se permitidos, podem possuir aqueles que falam com eles de forma tão completa que é como se estivessem totalmente no mundo; e, de fato, de uma maneira tão manifesta que podem comunicar seus pensamentos por seu médium e até mesmo por meio de cartas; pois, às vezes e, de fato, muitas vezes, eles têm dirigido minha mão enquanto escrevia, como se fosse a sua própria; de modo que pensavam que não era eu, mas eles que escreviam.[58]

A partir de 1909 em Viena, o psicanalista Herbert Silberer conduziu experimentos em si mesmo em estados hipnagógicos. Silberer tentou permitir que imagens aparecessem. Essas imagens, afirmou ele, representavam retratações simbólicas de seu pensamento imediatamente precedente. Silberer se correspondia com Jung e lhe enviava separatas de seus artigos.[59]

Em 1912, Ludwig Staudenmaier (1865-1933), professor de química experimental, publicou uma obra intitulada *Mágica como ciência experimental*. Staudenmaier começara a fazer autoexperimentações em 1901, começando com escrita

---

56 *MP*, p. 145.

57 INÁCIO DE LOYOLA. "The Spiritual Exercises". In: *Personal Writings*. Londres: Penguin, 1996, p. 298 [trad. Joseph A. Munitz e Philip Endean]. Em 1939-1940, Jung apresentou um comentário psicológico sobre esses exercícios espirituais na ETH (Princeton University Press/Philemon Series, a ser publicado [org. Martin Liebscher]).

58 Essa passagem foi reproduzida por William White em sua obra *Swedenborg: His Life and Writings* (Londres/Bath, 1867), vol. 1, p. 293-294. Jung grifou a segunda parte da passagem com uma linha na margem em seu exemplar do livro.

59 Cf. SILBERER, H. "Bericht über eine Methode, gewisse symbolische Halluzinations-Erscheinungen hervorzurufen und zu beobachten". In: *Jahrbuch für psychoanalytische und psychopathologische Forschungen*, 2, 1909, p. 513-525.

automática. Apareceu uma série de personagens, e ele descobriu que não precisava mais escrever para conduzir diálogos com eles.[60] Induziu também alucinações acústicas e visuais. O objetivo de seu empreendimento era utilizar sua autoexperimentação para fornecer uma explicação científica da magia. Ele argumentou que a chave para entender a magia se encontrava nos conceitos de alucinação e do "subconsciente" [*Unterbewusstsein*], e ele atribuiu uma importância especial ao papel da personificação.[61] Assim, vemos que o procedimento de Jung era muito parecido com várias práticas históricas e contemporâneas que ele conhecia.[62]

O *"Experimentum Crucis"*

Durante esse período, duas mulheres entraram na vida de Jung, e ambas exerceriam papéis importantes naquilo que aconteceria a seguir. A primeira foi Maria Moltzer, que viera da Holanda para a Suíça, a segunda foi Toni Wolff.

A família de Moltzer era dona da companhia de licor Bols, e ela se tornara enfermeira em protesto contra o abuso de álcool.[63] Ela frequentou alguns cursos na Universidade de Lausanne. Jung a mencionou pela primeira vez na carta a Freud de 8 de setembro de 1910, relatando que ela estava se repreendendo por ter uma opinião negativa demais de Martha Bödinghaus, acrescentando que "entre as duas senhoras há, naturalmente, um ciúme amoroso de mim".[64] Moltzer se tornou analista.

Em 1911, Jung apresentou um trabalho num congresso em Bruxelas sobre a psicanálise de crianças. Visto que não estava trabalhando diretamente com crianças, ele apresentou o caso de uma criança analisada por Moltzer, que ele descreveu como sua assistente. Ele reproduziu isso em "A teoria das psicanáli-

---

60 STAUDENMAIER, L. *Die Magie als experimentelle Naturwissenschaft*. Leipzig: Akademische Verlagsgesellschaft, 1912, p. 19.

61 Jung possuía um exemplar da obra de Staudenmaier da qual grifou algumas passagens.

62 Há semelhanças também com práticas teúrgicas de invocação ritual. O *locus classicus* disso era *Sobre os mistérios*, de Jâmblico, com o qual Jung se familiarizou mais tarde. Ele possuía uma edição de 1497 dessa obra, que ele citou em 1934 em "Estudo empírico do processo de individuação" (OC 9/1, § 573). Sobre Jâmblico e teurgia, cf. FOWDEN, G. *The Egyptian Hermes*: A Historical Approach to the Late Pagan Mind. Princeton: Princeton University Press, 1993.

63 Nota de rodapé de McGUIRE, W. (org.). *Freud/Jung Letters*, p. 351.

64 *Freud/Jung Letters*, p. 352. Martha Bödinghaus, vindo de Munique, procurou Jung para fazer análise em 1910 e, depois, se tornou analista. Ela se casou com Hermann Sigg no ano de sua chegada. Ele se tornou amigo próximo de Jung (cf. *Livro 7*, nota 252).

ses", preleções apresentadas na Fordham University no ano seguinte, que Moltzer traduziu juntamente com Edith Eder. Num registro em seu livro de sonhos em 1917, Jung anotou a "ideia de [que] M.M. [Maria Moltzer] me inspirou com o trabalho da libido" – supostamente uma referência a *Transformações e símbolos da libido*.[65] Em abril de 1912, a julgar por uma carta com o timbre de Jung que ela enviou a Freud, Moltzer estava cuidando de sua correspondência a cada dois dias na qualidade de secretária enquanto ele estava na Itália.[66] Segundo Freud, Jung teve um caso com Moltzer. Quando Jung escreveu a Freud que, ao contrário de Freud, ele tinha sido analisado, Freud escreveu a Sándor Ferenczi: "O mestre que o analisou só pode ter sido a Fräulein Moltzer, e ele é tolo demais a ponto de se orgulhar desse trabalho de uma mulher com quem ele está tendo um caso".[67] Qualquer que tenha sido a natureza de seu relacionamento àquela altura, é evidente que era próximo e significativo.

Num registro de 15 de novembro de 1913, o "eu" de Jung disse à sua alma: "Três anos atrás encontrei uma mulher cuja alma me pareceu ser mais preciosa do que o meu medo do matrimônio. Por amor a ela, venci o meu medo".[68] A mulher em questão era Toni Wolff. Apenas alguns fragmentos dos diários dela desse período (1912-1913) vieram à tona. Infelizmente, os diários de 1913-1924 não sobreviveram, com a exceção de algumas anotações teóricas de 1916. Os diários a partir de 1924 se concentram nas provações e tribulações de seu relacionamento com Jung. Existem comentários retrospectivos esclarecedores e também registros que permitem deduzir, até certo ponto, a natureza de sua colaboração durante esse período crítico.

Em 20 de setembro de 1910, aos 23 anos de idade, Toni Wolff foi levada pela mãe para ver Jung. Segundo sua irmã Erna, ele tinha tratado com êxito o filho de um amigo de sua mãe, que, consequentemente, recomendou Jung.[69] Segundo a aluna e biógrafa de Jung, a analista Barbara Hannah, Toni Wolff

---

65 "Sonhos", *JFA*, p. 4. Cf. *Livro 6*, nota 321.

66 Moltzer a Freud, 24 de abril de 1912, Freud Collection, Manuscript Division, Library of Congress.

67 Freud a Ferenczi, 23 de dezembro de 1912 (FREUD, S. *The Correspondence of Sigmund Freud and Sándor Ferenczi*. Vol. 1: 1908-1914. Cambridge: Harvard University Press/Belknap Press, 1993, p. 446 [org. Ernst Falzeder; trad. Peter Hoffer]). Jolande Jacobi, aluna de Jung, lembra: "Ouvi de outros, por volta do tempo antes de ele [Jung] conhecer Toni Wolff, que ele teve um caso amoroso no Burghölzli com uma moça – qual era seu nome? Moltzer" (entrevista com Jacobi, CLM, p. 110).

68 *Livro 2*, p. 155-156.

69 Apud HANNAH, B. *Jung: His Life and Work*: A Biographical Memoir. Nova York: Putnam, 1976, p. 104.

estava "sofrendo de depressão e desorientação muito acentuadas por causa da morte de seu pai"[70], ocorrida no ano anterior. Muito mais tarde, numa imaginação ativa com seu pai, em 7 de setembro de 1937, Toni Wolff lhe disse: "Adoeci após tua morte – fiquei melancólica – completamente irreal e mergulhada no mundo interior".[71] Toni Wolff fora aluna ouvinte de cursos na Universidade de Zurique sobre filosofia, literatura, teologia e história, mas não se matriculou formalmente. Segundo Hannah, "Jung percebeu imediatamente que ela precisava de um novo objetivo para despertar seu interesse na vida" e, assim, ele a contratou para fazer algumas pesquisas para aquilo que, eventualmente, se tornaria *Transformações e símbolos da libido*. Ela foi estimulada pelo material, que teve um efeito salutar sobre sua depressão e desorientação.[72] Anos mais tarde, ela se lembrou de, em sua juventude, passear com seus pais nas proximidades do Burghölzli e de pensar: "haveria ali um médico que tinha importância para mim. Talvez eu tenha desejado enlouquecer por essa razão – de fato, terminei com C[arl]. Eu sabia exatamente o que queria dele – relacionamentos com pessoas genuínas".[73]

Em 29 de agosto de 1911, Jung a mencionou numa carta a Freud como "uma nova descoberta minha [...] um intelecto notável com uma intuição excelente para religião e filosofia".[74] Naquele outono, ele a levou, juntamente com Moltzer e sua esposa, para a Conferência Psicanalítica Internacional em Weimar. Um registro de 18 de janeiro de 1912 no diário indica que ela participou de uma sessão de discussão na casa de Jung em Küsnacht.[75] Ela anotou que Jung leu trechos de *Transformações e símbolos da libido* e que a interpretação da árvore e da cruz como símbolos maternos e a discussão sobre sacrifício e renúncia descreviam completamente o conflito dela com a própria mãe.[76]

Ela, então, citou linhas de *Fausto*, descrevendo sua alegria de ser elevada da terra numa carruagem de fogo para novas esferas de atividade.[77] Acrescentou que experimentara isso e que agora devia fazer com que tudo isso se tornasse

---

70 Ibid.
71 *Diary* K, p. 143.
72 HANNAH, B. *C.G. Jung: His Life and Work*, p. 104.
73 14 de abril de 1930, *Diary* H, p. 75-76.
74 *Freud/Jung Letters*, p. 440.
75 *Diary* A.
76 *Transformations and Symbols of the Libido*, CW B, § 358ss.
77 *Fausto* I, ato I, linhas 702-719.

realidade. Ela estava experimentando uma sensação de renovação e a abertura de novas perspectivas. O registro continua:

> Finalmente, Dr.[78] lida com o sacrifício. Talvez eu deva experimentar isso para ele – com mamãe e talvez também com ele. <u>Devo</u> experimentar isso – dessa forma, eu sempre fui capaz de entregar-lhe os problemas que ele não tinha refletido até o fim – eu os vivia primeiro – com ele – para ele – depois conhecimento. Agora é consciente.

Ela estava se referindo ao último capítulo de *Transformações e símbolos da libido*. Essa passagem indica que ela considerava o trabalho dela para Jung não como puramente acadêmico, mas também como existencial, envolvendo a vivência e a experiência de algo por ele. Essa dimensão era claramente significativa para ela. Anotou ainda: "Devo novamente me aproximar muito mais do Dr., internamente agora <u>ele</u> está muito distante <u>de mim</u>". A essa altura, ela via sua contribuição ao empreendimento dele da seguinte forma: "Acredito que ele recebeu muitos Símbolos [*Transformações e símbolos da libido*] de mim – eu a inspirei – a revisão – eu lhe trouxe muito dela. Provavelmente, ele não sabe disso". Então observou que ela mesma havia encerrado a análise, acrescentando que Jung indicara apenas de passagem o decurso e a sublimação, que agora ela devia encontrar a si mesma. Num registro do dia seguinte, ela observou que o trabalho a amarrava a Jung – que um casamento espiritual tinha se desenvolvido – mas que ela devia ir mais longe.

Em novembro de 1912, Jung retornou de suas palestras de Nova York. Num registro de diário de 29 de dezembro de 1924, Toni Wolff anotou que, doze anos antes, quando Jung retornou da América do Norte, ela o procurou e "falou de relacionamento".[79] No registro de 15 de novembro de 1913 no *Livro 2*, após seu relato do sonho por volta de dezembro de 1912 com a pomba que se transformou numa garotinha e novamente na pomba, Jung anotou: "Minha decisão estava tomada. Eu daria a essa mulher toda a minha fé e confiança".[80] Em março de 1913, ele voltou para a América do Norte por cinco semanas. Décadas depois, Toni Wolff anotou em seu diário: "O sentimento é um tanto semelhante a 1913, quando C[arl] foi para a América e nós nos sepa-

---

78 Isto é, Jung.
79 WOLFF, T. *Diary* B, p. 98.
80 *Livro 2*, p. 156.

ramos − no entanto, não pudemos fazer isso depois".[81] Isso sugere que uma separação pode ter ocorrido nesse período.

Em 30 de janeiro de 1914, Toni Wolff e Maria Moltzer se tornaram membros leigos da Sociedade Psicanalítica de Zurique. As atas informam que, durante dois anos, elas participaram intensamente da vida da sociedade.[82]

Anos depois, Jung falou com Aniela Jaffé sobre o relacionamento com Toni Wolff. Ele disse que se viu confrontado com o problema de o que fazer com ela após a análise dela, que, segundo ele, ele tinha encerrado, a despeito de se sentir envolvido com ela. Um ano mais tarde, ele sonhou que estavam juntos nos Alpes em um vale de rochas e que ele ouviu o canto de elfos e que ela estava desaparecendo numa montanha, o que o encheu de pavor. Depois disso, ele escreveu a ela. Ele observou que, depois desse sonho, ele soube que um relacionamento com ela seria inevitável e que sua vida estava em perigo. Numa ocasião posterior, enquanto nadava, teve uma cãibra e jurou que, se ela passasse e ele sobrevivesse, ele cederia ao relacionamento.[83]

Num registro no diário de 4 de março de 1944, Toni Wolff se referiu a "31 anos de relacionamento e 34 anos de amizade".[84]

A Aniella Jaffé, Jung lembrou:

> No início de sua análise, T.W. tinha as fantasias mais incríveis, toda uma erupção de fantasias selvagens, algumas até de natureza cósmica. Mas àquela altura eu estava tão preocupado com meu próprio material que mal era capaz de cuidar das fantasias dela. Mas suas fantasias se inseriam exatamente na minha linha de pensamento.[85]

No que diz respeito à sua atração por Jung, no fim de sua vida Toni Wolff lembrou que ela teve sua primeira transferência para Friedrich Schiller, em 1905, depois para Goethe e então para Jung como um "gênio produtivo".[86]

Em retrospectiva, ela refletiu sobre sua análise com Jung:

---

81 WOLFF, T. *Diary* K, 25 de setembro de 1937, p. 151.
82 *MZS*, p. 47.
83 *MP*, p. 98.
84 WOLFF, T. *Diary* M, p. 84.
85 *MP*, p. 171.
86 WOLFF, T. *Diary* O, 18 de fevereiro de 1951, p. 102. Em 26 de abril de 1936, Wolff anotou em seu diário: "Eu ainda transfiro símbolos paternos para C. É por isso que nunca estou completamente comigo mesma e não sou um contrapeso para ele" (WOLFF, T. *Diary* J, p. 101).

Quando C. começar a participar com meu material psíquico, talvez eu tenha o que precise – a substância nutridora e apoiadora? Eu mesma suspeito de ter confiança insuficiente nele, pois minha análise na época se misturou com os problemas dele – apesar de também ter sido boa para mim.[87]

No início de seu relacionamento, Toni Wolff não estava interessada em casamento e filhos. Ela era crítica em relação ao que tinha observado no casamento: parecia tornar os homens menos ativos e menos empreendedores – contentando-se com seu papel de pais. Tornava homens e mulheres menos interessados em cultura. Após terem filhos, muitas vezes, as mulheres não precisavam de seus maridos, e seus próprios problemas tendiam a voltar. Sua mãe não aprendera a trabalhar e, consequentemente, atormentava seus filhos com uma libido não utilizada. Toni Wolff criticava também a escravidão do casamento.[88]

Emma Jung veio a aceitar o relacionamento entre seu marido e Toni Wolff. Segundo todos os relatos, a situação triangular não era fácil, mas eles encontraram um modus vivendi respeitoso.[89] Jung costumava jantar com Wolff às quartas-feiras na casa dela,[90] e ela vinha para Küsnacht aos domingos. Em retrospectiva, Jung lembrou o papel que ela exercia para ele durante esse período:

T.W. estava experimentando um fluxo de imagens semelhante. Evidentemente, eu a tinha infectado ou fui o déclencheur [gatilho] que atiçou sua imaginação. Minhas fantasias e as dela estavam numa participation mystique. Era como um fluxo comum e uma tarefa comum. Aos poucos, tornei-me consciente e, aos poucos, tornei-me o centro; e na medida em que alcançava essas percepções, ela também encontrava seu centro. Mas então ela ficou presa ao longo do caminho, e eu permaneci excessivamente o centro que funcionava por ela. Por isso, nunca pude ser diferente daquilo que ela queria que eu fosse ou que ela precisava que eu fosse. Naquele tempo, ela foi envolvida completamente nesse processo terrível em que eu estava envolvido, e ela era tão impotente quanto eu.[91]

---

87 WOLFF, T. *Diary* K, 11 de março de 1937, p. 77.
88 WOLFF, T. *Diary* A, 30-31 de janeiro de 1913.
89 Cf. esp. Susanne Trüb e Fowler McCormick, entrevistas com Gene Nameche, *CLM*.
90 Susanne Trüb, entrevista com Gene Nameche, *CLM*, p. 31.
91 *MP*, p. 173.

As imaginações ativas de Toni Wolff desse período não sobreviveram. No entanto, seus diários a partir de 1924 indicam claramente que ela tinha uma facilidade para isso. Além do mais, há casos que confirmam os comentários de Jung referentes às suas fantasias como uma "participation mystique". Uma figura importante nas fantasias de Jung era a figura de Ka, da mitologia egípcia.[92] Wolff tinha sua própria figura de Ka e também teve diálogos com o Ka de Jung. Numa imaginação ativa em 11 de janeiro de 1926, o "eu" de Wolff teve um diálogo com Toth, o Deus egípcio da escrita. Toth lhe ensinou como invocar o "Ka" de outra pessoa: "Então chama três vezes em voz alta: Tu, Ka; tu, Ka; tu, Ka de tal e tal, vem aqui e entra em meu coração. Espaço foi aberto para ti. Teu Ba te espera, e tu deves entrar". Ela seguiu suas instruções: "Tu, Ka; tu, Ka; tu Ka de C., vem aqui, entra em meu coração. Espaço foi aberto para ti. Teu Ba te espera, e tu deves entrar".[93] Em 30 de janeiro, ela anotou:

mais cedo: o Ka de C. [vem] a mim

o meu não foi recebido por ele

o Ka de C. fala sobre o

abismo e a morte que vê.

Quero deixar-me cair.[94]

Tais registros indicam uma permeabilidade liminar, imaginal em que ela interagia com algumas das figuras de Jung. É possível inferir que trocas imaginais semelhantes ocorreram no período crítico a partir de 1913. Em várias ocasiões subsequentes, Toni Wolff se referiu a seu relacionamento como um "experimentum crucis" [experiência da cruz].[95] Como tal, estava claramente vinculado à autoexperimentação de Jung.

---

92 Cf. *Livro 7*, p. 163ss.

93 WOLFF, T. *Diary* E, 11 de janeiro de 1926, p. 17. No que diz respeito ao conceito egípcio de Ba, E.A. Wallis Budge observou: "Àquela parte do homem que, sem dúvida alguma, acreditava-se desfrutar de uma existência eterna no céu num estado de glória os egípcios deram o nome ba, uma palavra que significa algo como 'sublime', 'nobre' e que, até então, sempre tem sido traduzido como 'alma'. O ba não é incorpóreo, pois, apesar de residir no ka e é, em alguns sentidos, como o coração, o princípio da vida do homem, ele ainda possui substância e forma: em forma, é retratado como um falcão com cabeça de homem e, em natureza e substância, é supremamente refinado ou etéreo. Ele retornava ao corpo no túmulo e o reanimava e conversava com ele; podia assumir qualquer forma que lhe agradasse e tinha o poder de passar para o céu e de residir ali com as almas aperfeiçoadas. Era eterno" (*The Book of the Dead*: The Papyrus of Ani in the British Museum. Londres: Longmans, 1895, p. lxiv).

94 WOLFF, T. *Diary* F, 30 de janeiro de 1926, p. 25.

95 WOLFF, T. *Diary* C, 13 de setembro de 1925, p. 95; *Diary* F, 7 de fevereiro de 1926, p. 37.

Ao mesmo tempo, Emma Jung continuou a exercer um papel central na vida de Jung, cuidando da casa, criando seus filhos e mantendo a dimensão humana para ele, ao mesmo tempo em que facilitava e acompanhava sua auto-experimentação.[96] Em 1910, ela começou uma análise com Jung e trabalhou com Leonhard Seif[97] em 1911 e, mais tarde, com Hans Trüb (que era casado com Susanne, a irmã de Toni Wolff).[98] Ela exerceu um papel ativo na Associação de Psicologia Analítica e, mais tarde, praticou análise e também estudou física, matemática, grego e latim.[99] Mais tarde, as línguas a capacitaram (ao contrário de Toni Wolff) a acompanhar as explorações de Jung na alquimia. Ela fez suas próprias pesquisas, que culminaram em sua obra sobre a lenda do Graal.[100] A partir de mais ou menos 1914, ela começou a praticar imaginação ativa na forma de diálogos, pinturas e poemas.

Entra Filêmon

De 26 de dezembro de 1913 a 24 de maio de 1914, Jung continuou a seguir o mesmo procedimento de induzir fantasias em estado desperto e entrar em diálogo com as figuras que apareciam. Uma figura importante foi Filêmon, que apareceu pela primeira vez em 27 de janeiro de 1914, como um mago aposentado, do qual o "eu" de Jung pretendia aprender a arte da magia.[101]

Em retrospectiva, Jung lembrou que Filêmon representava a percepção superior e era como um guru para ele. Ele conversava com ele no jardim. Lembrou que Filêmon se desenvolveu a partir da figura de Elias, que aparecera anteriormente em suas fantasias:

> Filêmon trouxe consigo uma atmosfera egípcio-gnóstico-helenista, um tom realmente gnóstico, porque era verdadeiramente um pagão. Era simplesmente um conhecimento superior, e ele me ensinou objetividade psicológica e a realidade da alma. Ele tinha

---

96 Ximena Roelli de Ângulo, a filha de Cary Baynes, se lembra: "Creio que Emma sempre exerceu um papel tão grande em sua vida criativa quanto Toni – era apenas um papel diferente" (entrevista com Gene Nameche, arquivo biográfico de Jung, CLM, p. 54).

97 Ernest Jones a Sigmund Freud, 12 de setembro de 1912, *The Complete Correspondence of Sigmund Freud and Ernest Jones 1908-1939*, org. Andrew Paskauskas (Cambridge: Harvard University Press, 1993), p. 160.

98 Susanne Trüb, entrevista com Gene Nameche, arquivo biográfico de Jung, *CLM*, p. 5.

99 *MP*, p. 174.

100 JUNG, E. & Von FRANZ, M.-L. *Die Graalslegende in psychologischer Sicht* [A lenda do Graal do ponto de vista psicológico]. Ostfildern: Patmos, 2001.

101 *Livro 4*, p. 228ss.

demonstrado essa dissociação entre mim e meu objeto intelectual [...]. Ele formulou essa coisa que eu não era e formulou e expressou tudo que eu nunca tinha pensado.[102]

Nos anos seguintes, Jung buscou instrução dessa figura imaginal e tentou sondar sua natureza.

As fantasias entre 26 de dezembro e a primeira metade do registro de 19 de abril formam a base para o segundo livro do *Líber Novus, Líber Secundus*. O material a partir da segunda metade do registro de 19 de abril serviria mais tarde como base para o terceiro livro, *Aprofundamentos*.[103] O fato de que, mais tarde, Jung encerraria aqui o manuscrito do *Líber Secundus* indica que isso marcou algo como uma culminação do processo no qual ele estivera empenhado. Os registros até a primeira metade do registro de 19 de abril levam a um retorno e a uma aceitação do fato de ele estar sozinho consigo mesmo. Sua alma tinha ascendido ao céu, e ele ficou para trás com seu "eu", com o qual precisava aprender a conviver agora. Isso sugere que certa aceitação própria havia sido alcançada. No dia seguinte, em 20 de abril de 1914, Jung entregou seu cargo como presidente da Associação Psicanalítica Internacional. Dez dias depois, ele se demitiu da faculdade de medicina da Universidade de Zurique, onde fora conferencista. Em *Memórias*, ele lembrou que sentira que se encontrava numa posição exposta na universidade e que precisava encontrar uma nova orientação, pois seria injusto continuar a instruir alunos.[104]

Os registros seguintes nos *Livros Negros* assumem a tarefa do confronto com seu "eu", de aprender a conviver consigo mesmo. Em maio, tentou reconectar-se com sua alma, buscando conselhos sobre como proceder. Em junho e julho de 1914, ele teve um sonho que se repetiu três vezes: ele estava numa terra estrangeira e deveria retornar rapidamente de navio. Então veio um frio gélido. No *Líber Novus*, ele os relatou da seguinte forma:

> Em 1914, no começo e no final de junho e no início de julho tive por três vezes o mesmo sonho: eu estava num país estrangeiro e, de repente, durante a noite, e bem no meio do verão sobreveio do universo um frio inexplicável e terrível; todos os mares e rios ficaram congelados, todo o verde morreu queimado pelo frio.

---

102 *MP*, p. 23-24.
103 *Livro 5*, p. 215.
104 *Memórias*, p. 199.

O segundo sonho foi bem semelhante a este. O terceiro, no início do mês de julho, foi assim:

Eu estava num distante país de língua inglesa. Era preciso que eu voltasse ao meu país o mais rápido possível num navio bem veloz. Cheguei rapidamente a casa. Em casa deparei-me com o fato de que em pleno verão havia irrompido um frio tremendo a partir do mundo ambiente, que congelou todo ser vivo. Havia ali uma árvore carregada de folhas, mas sem frutos; as folhas se haviam transformado, pela ação do gelo, em doces bagos de uva, cheios de suco medicinal. Colhi as uvas e as dei de presente a uma grande multidão que aguardava.[105]

Em 10 de julho de 1914, a Sociedade Psicanalítica de Zurique votou com votos 15 a 1 para sair da Associação Psicanalítica Internacional. A razão citada nas atas daquela sessão era que Freud havia estabelecido uma ortodoxia que impedia a pesquisa livre e independente.[106] O grupo se deu o novo nome de Associação de Psicologia Analítica. Jung se envolveu ativamente nessa associação, que se reunia a cada quinze dias. Ele também mantinha um consultório terapêutico bastante ocupado. Durante 1913 e 1914, ele fazia de uma a nove consultas por dia, cinco dias da semana, com uma média de cinco a sete pacientes diários. Ele também trabalhava aos sábados, com nenhum ou com poucos pacientes às quintas-feiras. Em 1918, mudou seu dia livre para o sábado.

As atas da Associação de Psicologia Analítica não contêm nenhum indício do processo pelo qual Jung estava passando. Ele não mencionou suas fantasias e continuou a discutir questões teóricas da psicologia. O mesmo se aplica à correspondência remanescente desse período.[107] A cada ano, continuava a prestar serviço militar.[108] Ele manteve suas atividades profissionais e responsabilidades familiares durante o dia e dedicava suas noites às suas autoexplorações. Tudo indica que essa divisão de atividades continuou durante os anos seguintes. Em *Memórias*, Jung lembrou que, durante esse período, sua família e profissão "permaneceram para mim uma base à qual eu sempre podia regressar, provando que eu era realmente um homem existente e banal."[109]

---

105 *LN*, p. 113-114.
106 *MZS*, p. 61.
107 Isso se baseia num estudo da correspondência de Jung na ETH e em outros arquivos e coleções.
108 Entre 1913 e 1917, este abrangeu: 1913, 16 dias; 1914, 14 dias; 1915, 67 dias; 1916, 34 dias; 1917, 117 dias. Em 1915 e 1916, serviu como médico militar num regimento da cavalaria.
109 *Memórias*, p. 195.

Em julho de 1914, Jung estava na Inglaterra para apresentar algumas palestras. A questão de maneiras diferentes de interpretar fantasias, como as do próprio Jung, foi tema de uma palestra feita em 24 de julho na Sociedade Psico-Médica em Londres, "Sobre a compreensão psicológica". Ele contrastou o método analítico-redutivo de Freud, baseado na causalidade, com o método construtivo da escola de Zurique. A deficiência do primeiro era que, ao retraçar coisas a elementos antecedentes, apenas metade da imagem era levada em conta, e o significado vivo dos fenômenos não podia ser compreendido. Tentar entender o *Fausto* de Goethe com a ajuda do método de Freud seria como tentar entender uma catedral gótica por seu aspecto mineralógico.[110] O significado "só vive quando o experimentamos em e por meio de nós mesmos".[111] Na medida em que a vida era essencialmente nova, ela não podia ser entendida apenas em retrospectiva. Portanto, era útil analisar "como, a partir dessa psique atual, uma ponte para o próprio futuro pode ser construída".[112] Jung chamou isso o ponto de vista construtivo. Esse artigo pode ser lido como argumento de Jung para não embarcar numa análise causal e retrospectiva de suas fantasias e como alerta àqueles que poderiam estar tentados a fazê-lo. Apresentado como uma crítica e uma reformulação da psicanálise, o novo modo de interpretação de Jung se reconectava com o método simbólico da hermenêutica espiritual de Swedenborg.

Em 28 de julho, Jung fez uma palestra sobre "A importância do inconsciente na psicopatologia" numa reunião da Associação Médica Britânica em Aberdeen.[113] Ele argumentou que, em casos de neurose e psicose, o inconsciente tentava compensar a atitude consciente unilateral. O indivíduo desequilibrado se defende contra isso, e os opostos se tornam mais polarizados. Os impulsos corretivos que se apresentam na língua do inconsciente deveriam anunciar o início de um processo de cura, mas a forma em que se manifestam os tornam inaceitáveis para o consciente.

Um mês antes, em 28 de junho, o arquiduque Franz Ferdinand, herdeiro do Império Austro-Húngaro, havia sido assassinado pelo estudante Gavrilo Princip, um sérvio da Bósnia de 19 anos. Em 1º de agosto, a guerra estourou. Jung

---

110 JUNG, C.G. "Apêndice – A interpretação psicológica dos processos patológicos", OC 3, § 396.
111 Ibid., § 398.
112 Ibid., § 399.
113 OC 3, § 438-465.

retornou de navio da Escócia. Primeiro foi para a Holanda, preocupado com a segurança de Maria Moltzer, e a acompanhou de volta para a Suíça. Como narrou no *Líber Novus*:

> Na realidade aconteceu o seguinte: Na época em que estourou a grande guerra entre as nações da Europa eu me encontrava na Escócia; obrigado pela guerra, decidi voltar para casa no navio mais rápido pelo caminho mais curto. Encontrei o frio monstruoso que tudo congelou, encontrei o dilúvio, o mar de sangue, e encontrei minha árvore sem frutos, cujas folhas o gelo havia transformado em remédio. E eu colhi as frutas maduras e as dei a vós e não sei o que dei de presente a vós, que doce-amarga bebida da embriaguez que deixou um gosto de sangue em vossa língua.[114]

Anos mais tarde, contou a Mircea Eliade:

> Como psiquiatra, fiquei preocupado, perguntando-me se eu não estava a caminho de "fazer uma esquizofrenia", como dizíamos na linguagem daqueles dias [...]. Eu estava preparando uma palestra sobre esquizofrenia a ser apresentada num congresso em Aberdeen, e fiquei dizendo a mim mesmo: "Estarei falando de mim mesmo! Muito provavelmente, enlouquecerei após apresentar este artigo". O congresso deveria ocorrer em julho de 1914 – exatamente no mesmo período em que meus três sonhos me mostraram viajando pelos mares do Sul. Em 31 de julho, imediatamente após minha palestra, eu soube por intermédio dos jornais que a guerra tinha irrompido. Finalmente entendi. E quando desembarquei na Holanda, não havia pessoa mais feliz do que eu. Agora, eu tinha certeza de que nenhuma esquizofrenia estava me ameaçando. Entendi que meus sonhos e minhas visões tinham vindo do subsolo do inconsciente coletivo. O que me restava fazer era aprofundar e validar essa descoberta. E é isso que tenho tentado fazer há quarenta anos.[115]

Jung acreditava que sua fantasia havia retratado o que aconteceria não com *ele mesmo*, mas com a Europa – que era uma precognição de um evento coletivo:

---

114 *LN*, p. 114.
115 Entrevista de combate (1952). In: McGUIRE, W. & HULL, R.F.C. (orgs.). C.G. *Jung Speaking*: Interviews and Encounters. Londres: Picador, 1980, p. 233-234.

aquilo que, mais tarde, chamaria um sonho "grande". Depois dessa percepção, ele tentou ver se, e até onde, isso se aplicava a outras fantasias que experimentara, para entender o significado dessa correspondência entre suas fantasias privadas e eventos públicos.

Ele entendeu a irrupção da guerra como um sinal de que seu *medo* de enlouquecer era equivocado. Não é exagero dizer que, se a guerra não tivesse sido declarada, muito provavelmente, o *Liber Novus* não teria sido compilado. Em 1954, ao discutir a imaginação ativa, Jung disse que a razão para "o enredamento [ter] justamente a aparência de uma psicose provém do fato de o paciente integrar o mesmo material da fantasia, do qual se torna vítima o doente mental, porque não o pode integrar, mas é devorado por ele".[116]

Quais partes das fantasias de Jung ele considerou precognitivas? É importante observar que houve mais ou menos doze eventos separados:

1-2. Outubro de 1913: visão repetida de enchente e morte de milhares e a voz que diz que isso se tornará realidade.

3. Visão do mar de sangue que cobre as terras do Norte.

4. 12 de dezembro de 1913: imagem de um herói morto.

5. 15 de dezembro de 1913: assassinato de Siegfried num sonho.

6. 25 de dezembro de 1913: imagem do pé de um gigante que pisa num estado e imagens de matança e crueldade sangrenta.

7. 2 de janeiro de 1914: imagem de um mar de sangue e de morte tremenda.

8. 22 de janeiro de 1914: sua alma sobe das profundezas e pergunta se ele aceitará guerra e destruição. Ela lhe mostra imagens de destruição, armas militares, corpos humanos, navios afundados, estados destruídos etc.

9. 21 de maio de 1914: ele ouve uma voz que diz que os sacrificados caem à esquerda e à direita.

10-12. junho-julho de 1914: sonho (repetido três vezes) de estar num país estrangeiro e de ter que retornar rapidamente de navio e a vinda de um frio gélido.[117]

---

116 *Mysterium Coniunctionis*, OC 14/2, § 410.
117 Cf. acima, p. 16-19; *Livro 2*, p. 169, 175, 195; *Livro 3*, p. 115; *Livro 4*, p. 220; *Livro 5*, p. 226; acima, p. 35.

A composição do Liber Novus

A irrupção da guerra deu a Jung um entendimento completamente novo de suas fantasias. No *Líber Novus*, escreveu: "E então estourou a guerra. Abriram-se então meus olhos sobre muita coisa que eu havia vivido antes, e isto me deu também a coragem de dizer tudo o que escrevi nas partes anteriores deste livro".[118] Uma parte crítica dessa mudança foi que ele deixou de ver suas fantasias como puramente pessoais. No *Líber Novus* (comentando sobre um registro de 23 de maio de 1914), escreveu: "queria entender tudo como acontecimento pessoal meu, não conseguindo por isso compreender tudo nem acreditar em tudo. Pois minha fé é fraca".[119]

É provável que, a essa altura, ele tenha relido os registros de 12 de novembro de 1913 – 21 de julho de 1914, nos *Lívros 2-4*. Agora, concebeu a ideia de uma obra que explorasse a correspondência entre suas fantasias e o que estava ocorrendo no mundo, em níveis literais e simbólicos. Isso se tornaria o *Líber Novus*. Ele transcreveu e revisou a maioria dos registros dos *Lívros 2-4*, abrangendo o período de 12 de novembro de 1913 a 19 de abril de 1914. Em geral, ele tendia a omitir o material que retratava seus estados emocionais. Ele reproduziu fielmente as fantasias, ao mesmo tempo em que omitia as datas. A sequência de *Líber Novus* quase sempre corresponde exatamente à dos *Lívros Negros*. Jung manteve uma "fidelidade ao evento". O que estava escrevendo não deveria ser confundido com ficção. Ao mesmo tempo, ele revisou cuidadosamente as fantasias, fazendo várias correções pequenas. As mudanças serviam para esclarecer questões em certas conjunturas e para apresentar uma sequência mais fluida e também tornaram um material menos revelador em termos pessoais. A diferença principal entre os *Lívros Negros* e o *Líber Novus* é que os primeiros foram escritos para o uso pessoal de Jung e podem ser considerados os registros de um experimento, enquanto o segundo se dirigia a um público e se apresentava numa forma a ser lida por outros. As revisões no material demarcam a passagem de um caderno de anotações pessoal para uma obra pública. Registros com data se tornaram capítulos. Uma parte considerável dos "confrontos com o inconsciente" de Jung consistia em suas transcrições, seu trabalho editorial e suas revisões de seu próprio material. Nesta edição, as mudanças mais

---

118 *LN*, p. 418.
119 *LN*, p. 415.

significativas foram anotadas, o que capacita o leitor a seguir Jung como editor de seu próprio material.

No *Líber Novus*, a cada registro que Jung reproduziu, ele acrescentou uma seção que explica o significado do episódio, em combinação com uma elaboração lírica. Ele organizou a obra numa série de capítulos: na maioria das vezes, os capítulos correspondem a registros individuais. O *Esboço* começa com "Meus amigos", uma expressão recorrente.

Em novembro de 1914, Jung estudou minuciosamente o *Assim falava Zaratustra* (1883-1891), de Nietzsche, que ele leu pela primeira vez em sua juventude. Mais tarde, lembrou que "então, de repente, o espírito se apoderou de mim e me carregou para um país deserto em que eu li Zaratustra".[120] Ele moldou fortemente a estrutura e o estilo de *Líber Novus*. Como Nietzsche no *Zaratustra*, Jung dividiu o material numa série de livros compostos de capítulos curtos. Mas, enquanto Zaratustra proclama a morte de Deus, *Líber Novus* retrata o renascimento de Deus na alma. Existem também indícios de que Jung tenha lido a *Divina Comédia* de Dante, que também influencia a estrutura da obra.[121] O *Líber Novus* retrata a descida de Jung para o inferno. Mas enquanto Dante pôde utilizar uma cosmologia estabelecida, *Líber Novus* é uma tentativa de formar uma cosmologia individual. O papel de Filêmon na obra de Jung apresenta analogias com o papel de Zaratustra na obra de Nietzsche e com o papel de Virgílio na obra de Dante.

No *Esboço*, mais ou menos 50% do material são extraídos diretamente dos *Livros Negros*. Existem aproximadamente 35 seções novas de elaborações líricas e comentários. Aqui, Jung foi o exegeta de suas próprias visões imaginais. Ele tentou derivar princípios psicológicos gerais de suas fantasias e entender em que extensão os eventos nelas retratados apresentavam, em forma simbólica, desen-

---

120 *ZS*, p. 381. Sobre a leitura de Nietzsche por Jung, cf. BISHOP, P. *The Dionysian Self*: C.G. Jung's Reception of Nietzsche. Berlim: Walter de Gruyter, 1995. • LIEBSCHER, M. *Libido und Wille zur Macht* – C.G. Jungs Auseinandersetzung mit Nietzsche. Basileia: Schwabe, 2011. • PARKES, G. "Nietzsche and Jung: Ambivalent Appreciations". In: GOLOMB, J.; SANTANIELLO W. & LEHRER, R. (orgs.). *Nietzsche and Depth Psychology*. Albany: Suny Press, 1999, p. 205-227. Sobre o papel de Nietzsche no *Líber Novus*, cf. DOMENICI, G. "Books 'For All and None': Nietzsche's *Zarathustra*, Jung's *The Red Book*, and 'Visionary Works'". Pisa: Università di Pisa, 2015 [tese de doutorado].

121 Cf. *Livro 2*, p. 198. Sobre esse tema, cf. SHAMDASANI, S. "Descensus ad inferos: la saison en enfer de C.G. Jung". In: ALLEART-BERTIN, E. (org.). *Danger et nécessité de l'individuation*. Bruxelas: L'arbre soleil, 2016, p. 27-76. • PRIVIERO, T. "On the Service of the Soul: C.G. Jung's Liber Novus and Dante's Commedia". In: *Phanês*: Journal for Jung History I, 2018, p. 28-58.

volvimentos que ocorreriam no mundo. Em 1914, ele havia introduzido uma distinção entre interpretação no nível objetivo, em que objetos oníricos eram tratados como representações de objetos reais, e interpretação no nível subjetivo, em que cada elemento diz respeito aos próprios sonhadores.[122] Além de interpretar suas fantasias no nível subjetivo, poderíamos caracterizar seu procedimento aqui também como um esforço de interpretar suas fantasias no nível "coletivo". Ele não tenta interpretar suas fantasias de maneira redutiva, mas como retratações do funcionamento de princípios psicológicos gerais nele mesmo (como, p. ex., a relação entre introversão e extroversão, pensamento e prazer e assim por diante) e como retratações de eventos literais e simbólicos que ocorrerão. Assim, a "segunda camada" do *Esboço* representa o primeiro desenvolvimento e aplicação importante e extenso de seu novo método construtivo. É, em si, um experimento hermenêutico. Fornece uma leitura interpretativa dos registros nos *Livros Negros* no período de cinco meses iniciado em novembro de 1913.

Esse trabalho de compreensão abrangia vários fios interligados. Jung queria entender a si mesmo e integrar e desenvolver os diversos componentes de sua personalidade; entender a estrutura da personalidade humana em geral e a relação do indivíduo com a sociedade atual e a comunidade dos mortos; sondar os efeitos psicológicos e históricos do cristianismo; e compreender o desenvolvimento religioso futuro do Ocidente. Ele discutiu muitos outros temas, inclusive a natureza do autoconhecimento, a natureza da alma, a relação entre pensar e sentir e os tipos psicológicos, a relação de masculinidade e feminilidade internas e externas e a união de opostos. Também tratou da solidão, do valor da erudição e do aprendizado, do *status* da ciência, da importância de símbolos e como eles devem ser entendidos e do significado da guerra. Ele falou de loucura, de loucura divina e psiquiatria, como a imitação de Cristo deve ser entendida hoje; da morte de Deus; da importância histórica de Nietzsche; e da relação entre magia e razão.

O tema universal de *Liber Novus* é como Jung recupera sua alma e supera o mal-estar contemporâneo da alienação espiritual. Isso é alcançado permitindo o renascimento de uma nova imagem de Deus em sua alma e desenvolvendo uma nova visão do mundo na forma de uma cosmologia psicológica e teogênica. *Liber Novus* apresenta o protótipo da concepção de Jung do processo de

---

122 *MZS*, 30 de janeiro de 1914, p. 47ss.

individuação, que ele acreditava ser a forma universal do desenvolvimento psicológico individual. Assim, a obra pode ser compreendida, de um lado, como retratação do processo de individuação de Jung e, de outro, como sua elaboração desse conceito como um esquema psicológico geral. No início do livro, ele reencontra sua alma e embarca numa sequência de aventuras de fantasia interligadas para criar uma narrativa consecutiva. Ele percebeu que, até então, ele tinha servido ao espírito do tempo, caracterizado por uso e valor. Além desse, existia um espírito das profundezas, que conduzia para as coisas da alma. Nos termos da memória biográfica posterior de Jung, o espírito do tempo corresponde à personalidade n. 1, e o espírito das profundezas corresponde à personalidade n. 2. Portanto, esse período pode ser visto como um retorno para os valores da personalidade n. 2.[123]

Os registros dos *Livros Negros*, agora remodelados como capítulos, seguem um formato específico: começam com a exposição de fantasias visuais dramáticas. Nelas, o "eu" de Jung encontra uma série de figuras em diversos contextos e inicia uma conversa com elas. Ele é confrontado com acontecimentos inesperados e declarações chocantes. Então ele tenta entender o que transpirou e formular o significado desses eventos e declarações na forma de concepções e máximas psicológicas gerais. Jung defendia que a relevância dessas fantasias era que elas provinham da imaginação mitopoética, que estava ausente na era racional atual. A tarefa da individuação estava no estabelecimento de um diálogo com figuras da fantasia – ou com os conteúdos do inconsciente coletivo – e na sua integração no consciente, para assim recuperar o valor da imaginação mitopoética, que se perdera na Era Moderna. Assim, o espírito do tempo seria reconciliado com o espírito das profundezas. Essa tarefa se tornaria um *leitmotiv* de seu trabalho acadêmico subsequente.

Após completar o *Esboço* escrito a mão, ele foi datilografado e editado. Num dos manuscritos, ele fez alterações a mão (eu me refiro a esse manuscrito como *Esboço corrigido*). As anotações no *Esboço corrigido* sugerem que ele pediu que alguém o lesse (a caligrafia não é de Emma Jung, Toni Wolff ou Maria Moltzer). Esse leitor comentou sobre as revisões de Jung, indicando que algumas das seções que ele pretendia excluir deveriam permanecer.[124]

---

123 Cf. *Memórias*, cap. 2 e 3.

124 Na página 53 do *Esboço*, por exemplo, há uma anotação escrita na margem: "Incrível! Por que excluir?" Evidentemente, Jung aceitou o conselho e preservou as passagens originais. Cf. *LN*, p. 138.

Em algum momento em 1915, Jung decidiu transcrever o manuscrito datilografado do *Líber Novus* na forma de um manuscrito medieval iluminado em pergaminho e escrita caligráfica. Ele intitulou o primeiro livro "O caminho daquele que virá" e inseriu, sob o título, algumas citações do Livro de Isaías e do Evangelho segundo São João. Assim, o texto era apresentado como uma obra profética. Ele completou a transcrição da primeira seção da obra, o *Líber Primus*, em pergaminho. Inicialmente e em toda essa seção, as pinturas e iniciais historiadas representavam cenas das fantasias. Possivelmente por razões técnicas (as páginas de pergaminho apresentam muitas transparências), ele então continuou a transcrever e ilustrar a obra num grande fólio de mais de 600 páginas, encadernado em couro vermelho, do encadernador Emil Stierli. A lombada ostenta o título *Líber Novus* (Livro Novo). Ele inseriu as páginas de pergaminho no fólio, que continua com o *Líber Secundus*. Ao longo da transcrição para o fólio, Jung alterou alguns títulos dos capítulos, acrescentou outros e revisou mais uma vez o material. As exclusões e alterações ocorreram predominantemente na "segunda camada" de interpretação e elaboração.

Os registros e fantasias reproduzidos no *Líber Novus* se limitam a um período condensado. Em alguns aspectos, o comentário de Jung na segunda camada reflete seu entendimento das mudanças que aconteceram com ele no período como um todo e não se referem apenas à fantasia em questão. Uma leitura do material posteriormente incluído no *Líber Novus* de como ele se desdobrou nos *Livros Negros* permite ver e seguir a fenomenologia das experiências de Jung ao longo de sua autoexperimentação.

Retorno às profundezas

No verão de 1915 encontramos o primeiro registro no *Livro 5* após um intervalo de quase um ano. Numa anotação posterior, Jung acrescentou aqui: "Neste tempo, foram escritas as partes I e II. Imediatamente após o início da guerra".[125] Ele reproduziu o início desse registro na terceira seção de *Líber Novus*, *Aprofundamentos*, da seguinte forma:

---

125 *Livro 5*, p. 235.

A partir daí, calaram-se as vozes da profundeza durante todo um ano. Mas novamente no verão, quando andava sozinho de barco pelas águas, vi uma águia-pesqueira mergulhando diante de mim; ela tirou da água um peixe muito grande e sumiu com ele nas alturas. Ouvi a voz de minha alma que dizia: "Isto é um sinal de que o inferior será trazido para cima".[126]

No *Livro 5*, Jung anotou um sonho em que um frio extremo havia descido novamente no meio do verão.[127]

No mesmo dia, ele iniciou uma troca teórica com seu colega, o psiquiatra Hans Schmid (1881-1932) sobre o tema dos tipos psicológicos. Inicialmente, a correspondência devia ser publicada, segundo o modelo da correspondência de Jung com Rudolf Löy, *Questões psicoterapêuticas oportunas*, publicado no ano anterior. Desenvolveu-se um rico diálogo. No entanto, em vez de chegarem a um consenso, Jung e Schmid discordaram, e o tom de sua troca esquentou. Em 4 de setembro, Jung escreveu a Schmid, que respondeu algumas semanas mais tarde. No ínterim, Jung voltou a escrever no *Livro 5*, numa série de registros que datam de 14, 15, 17 e 18 de setembro. No *Liber Novus*, ele comentou sobre esses registros: "Logo depois, numa noite de outono, ouvi a voz do velho (e dessa vez percebi que era Filêmon)".[128]

Esses registros marcam o retorno de Filêmon: mas já não é simplesmente o Filêmon de *Liber Secundus*, o mago aposentado, mas um mestre elevado dos mistérios que veio para instruir o "eu" de Jung. Filêmon lhe informa que quer instruí-lo. Filêmon falou sobre como ele mesmo deveria repudiar o que ele tinha ensinado, caso contrário aqueles que ele tinha instruído teriam simplesmente recebido em vez de tomado. Jung observou que aquele que compreende Filêmon compreende a si mesmo. Filêmon continuou falando da natureza do dar e contra a tirania da virtude que leva ao esquecimento de si mesmo. O trabalho da redenção é feito primeiramente em seu próprio Si-mesmo, e, por meio da união com o Si-mesmo, alcançamos "o Deus que une o céu e o inferno em si mesmo".[129] Servir a si mesmo é serviço divino.

---

126 *LN*, p. 418.
127 *Livro 5*, p. 235.
128 *LN*, p. 419.
129 *Livro 5*, p. 239.

Essa mudança crítica de registro e a mudança em relação a outros aconse-lhados por Filêmon são marcadas na resposta de Jung em 6 de novembro à carta de Schmid de 28 de setembro. Partes dessa carta só são compreensíveis à luz do diálogo renovado com Filêmon. Jung começou: "Sua carta fortalece minha convicção de que é impossível chegar a um acordo sobre os princípios fundamentais, pois o ponto parece ser precisamente o fato de não concordar-mos".[130] Então adotou um tom irritado, resumindo suas opiniões. Mudando de registro, escreveu que foi graças ao estudo de Brígida da Suécia (1302-1373) que ele entendeu que "o diabo é o devorador. Entender = comprendere = katasyllambanein, e também devorar".[131] Dentro do desejo ético e humano de entender escondia-se a vontade do diabo. Isso podia levar a um verdadeiro assassinato da alma, pois o "núcleo do indivíduo é um mistério da vida, que morre quando é 'entendido'. É também por isso que símbolos desejam guardar seus segredos, eles são misteriosos não só porque somos incapazes de ver clara-mente o que está em seu fundo".[132] O próprio símbolo quer se proteger contra interpretações freudianas. Nas fases posteriores da análise, era especialmente importante "ajudar os outros a chegarem a esses símbolos escondidos e que não podem ser abertos, nos quais a semente da vida está seguramente escondida como a semente delicada na casca dura". Jung relatou um sonho que teve certa vez e que só viera a compreender agora: "Eu estava no meu jardim e tinha esca-vado uma rica fonte de água, que jorrava poderosamente. Então tive que cavar uma vala e um buraco fundo, no qual reunia toda a água e a deixava fluir de volta para as profundezas da terra".[133] Disso, ele concluiu:

Dessa forma, a salvação nos é dada no símbolo indizível e que não pode ser aberto, pois ele nos protege impedindo que o diabo engula a semente da vida [...]. Deve-mos entender o divino dentro de nós, mas não o outro, na medida em que ele é capaz de ir e se sustentar por conta própria [...]. Devemos ser confidentes dos nos-sos próprios mistérios, mas castamente velar nossos olhos diante dos mistérios do

---

130 Jung a Schmid, 6 de novembro de 1915. In: *The Question of Psychological Types*: The Correspondence of C.G. Jung and Hans Schmid-Guisan, 1915-1916. Princeton: Princeton University Press/Philemon Series, 2013, p. 131 [org. J. Beebe e E. Falzeder].
131 Ibid., p. 140.
132 Ibid.
133 Ibid., p. 141. Esse sonho pode ser encontrado no *Livro 4*, p. 264-265.

outro, na medida em que ele não precisa de "entendimento" por causa de sua própria incapacidade.[134]

Deixar de lado o entendimento "destrutivo", perceber a necessidade de permitir que os símbolos permaneçam "indizíveis" e "impossíveis de serem abertos" e a tarefa de ser "confidentes dos nossos mistérios": essa carta marcou um ponto de virada – um retorno ao encontro de Jung com o espírito das profundezas.

A partir desse ponto, ocorre uma mudança notável nas imaginações ativas de Jung. As imaginações do inverno de 1913 até o verão de 1914 eram caracterizadas por uma suspensão de julgamento e interpretação e pela tentativa de explorar que instrução as situações e os personagens podiam trazer. Desde a irrupção da guerra, em retrospectiva, Jung viera a ver suas fantasias como não puramente pessoais. Na camada dois de comentário que ele acrescentou no *Líber Novus*, ele tentou entender essa interseção entre suas fantasias e o que estava acontecendo no mundo – tanto literal quanto simbolicamente. Então isso passou a formar a suposição orientadora de suas novas imaginações ativas. Em sua opinião, essa prática podia levar não só a um autoconhecimento aprimorado, mas também a uma percepção mais profunda do espírito das profundezas que opera no mundo, que tinha se manifestado no dia a dia com tamanha força devastadora. Uma vez que veio a entender que suas fantasias tinham não só uma relevância pessoal, ele veio a ver seu empreendimento como algo de relevância mais ampla. Em 16 de outubro de 1916, ele escreveu ao seu colega, o psiquiatra Alphonse Maeder: "Preciso encontrar o caminho através do inconsciente. As pessoas que têm confiado em mim precisam da minha percepção, não só eu mesmo. Portanto, tive que me dedicar exclusivamente a esse trabalho, que consumia muito tempo e era terrivelmente exigente".[135]

O retorno dos mortos

Enquanto isso, no início de 1916, foi fundado o Clube Psicológico em Zurique com uma doação de 360 mil francos suíços de Edith Rockefeller McCormick.

---

134 JUNG, C.G. *The Question of Psychological Types*: The Correspondence of C.G. Jung and Hans Schmid-Guisan, 1915-1916, p. 141-142.

135 Documentos de Maeder.

Ela tinha vindo para Zurique para ser analisada por Jung em 1913. Inicialmente, a sede do Clube era uma propriedade suntuosa na Löwenstrasse, 1. Em sua fundação, teve aproximadamente 60 membros — indício de que, após abandonar o movimento psicanalítico, a escola de Zurique estava florescendo. Para Jung, o objetivo do Clube era estudar a relação de indivíduos com o grupo e fornecer um ambiente naturalista para a observação psicológica para superar as limitações da análise um a um e um local em que pacientes pudessem aprender a se adaptar a situações sociais. Emma Jung se tornou a primeira presidente. Ao mesmo tempo, um corpo de analistas profissionais continuou a se reunir como Associação de Psicologia Analítica.[136] A distinção entre as duas instituições é esboçada numa carta de 2 de abril de 1917 de Jung ao seu colega Poul Bjerre:

> Fundamos em Zurique um clube psicológico com uns 60 membros, no qual cuidamos principalmente do lado humano-social da nossa psicologia. Além disso, temos reuniões com mais ou menos 10 analistas, que ocorrem a cada 14 dias, em que tentamos entender todas as grandes novidades que a exploração do inc. coletivo tornou necessárias.[137]

Um dos temas-chave na camada dois do *Líber Novus* era a percepção da necessidade de encontrar os mortos. Jung tinha reconhecido que o caos não era sem forma, mas preenchido pelos mortos, "não só os teus mortos, isto é, todas as imagens de tua conformação passada, que tua vida subsequente deixou para trás, mas também as massas dos mortos da história humana, o cortejo de fantasmas do passado".[138] A tarefa de encontrar os mortos afetava a pessoa e devia ser realizada em particular: "Quando chegar o tempo e abrires as portas aos mortos, teus terrores vão acometer também teu irmão, pois teu rosto anuncia a desgraça. Por isso retira-te e vai para a solidão, pois ninguém pode aconselhar-te quando lutas com os mortos".[139] Os mortos precisavam ser aceitos e precisavam de salvação. Era necessário ouvir seu lamento e aceitá-los com amor, mas

---

136 Sobre a formação do Clube, cf. SHAMDASANI, S. *Cult Fictions*: C.G. Jung and the Founding of Analytical Psychology. Londres: Routledge, 1998.

137 Jung a Poul Bjerre, 2 de abril de 1917, JA.

138 *Líber Secundus*, "Nox secunda" (*LN*, p. 302), comentando sobre uma fantasia de 17 de janeiro de 1914 (*Livro 4*, p. 205-207). Sobre esse tema, cf. HILLMAN, J. & SHAMDASANI, S. *Lamento dos mortos* — A psicologia depois do Livro Vermelho de Jung. Petrópolis: Vozes, 2015.

139 *Líber Secundus*, "Nox secunda" (*LN*, p. 303)

sem ser "seu porta-voz deslumbrado".[140] Ele percebeu que, ao satisfazer as reivindicações dos mortos, "renunciei a meu esforço pessoal primitivo, e o mundo teve de me tomar como um morto".[141] No Esboço, ele resumiu seu entendimento da importância desse empreendimento: "Nenhum título da lei cristã foi abolido, mas nós acrescentamos outro: a aceitação do lamento dos mortos".[142] Chegar à relação correta com os mortos não foi tarefa fácil. Retornando ao seu confronto com sua alma no inverno de 1915, Jung tentou estabelecer essa relação correta. Em 26 de dezembro, sua alma lhe informou que "comunhão com os mortos, é disto que vós e os mortos precisais".[143]

Num registro crítico de 16 de janeiro de 1916, sua alma apresentou uma cosmogonia teogênica elaborada.[144] Ela descreveu sua própria natureza, a natureza dos demônios, a mãe celestial e os Deuses. De importância especial era Abraxas, o poderoso e temível Deus autorrenovador do cosmo. Ela caracterizou a natureza do ser humano como buscando a individualidade absoluta, por meio da qual ele concentrava e contestava a dissolução do pleroma ou do "tudo". Jung desenhou um diagrama esquemático desse sistema. Em algum momento posterior, ele o pintou e intitulou a obra de *Systema Munditotius*, sistema de todos os mundos. No reverso, escreveu em inglês: "This is the first mandala I constructed in the year 1916, wholly unconscious of what it meant" [Esta é a primeira mandala que construí no ano de 1916, totalmente inconsciente do que significava].[145]

No início de 1916, Jung experimentou uma série impressionante de eventos parapsicológicos em sua casa. Em 1923, narrou os eventos a Cary de Angulo (posteriormente Baynes). Ela documentou a narrativa da seguinte forma:

> Certa noite seu garoto começou a delirar no sono e se revirar dizendo que não conseguia acordar. Finalmente, sua esposa teve que chamar você para aquietar o garoto e você só conseguiu fazer isso com roupas frias nele – Finalmente, ele se acalmou e continuou dormindo até a manhã seguinte; ele acordou sem se lembrar de nada, mas parecia totalmente exausto, de modo que você o instruiu a

---

140 Ibid., p. 305
141 Ibid., p. 382.
142 Ibid., p. 306, nota 187.
143 *Livro 5*, p. 255.
144 Ibid., p. 269-272.
145 Cf. apêndice, p. 131.

não ir para a escola, ele não perguntou por que, mas pareceu ter isso como certo. Mas, de forma um tanto inesperada, ele pediu papel e lápis de cor e se pôs a fazer a seguinte imagem – um homem estava pescando com linha e anzol no centro da imagem. À esquerda, estava o diabo dizendo algo ao homem, e seu filho anotou o que ele disse. Era que ele tinha vindo atrás do pescador porque ele estava pegando os peixes dele; mas, à direita, estava um anjo, que disse: "Não, você não pode levar este homem, ele está pegando apenas os peixes ruins e nenhum dos bons". Então, após fazer essa imagem, seu filho estava bastante contente. Na mesma noite, duas de suas filhas pensaram que tinham visto assombrações em seus quartos. No dia seguinte, você escreveu os "Sermões aos mortos" e sabia que, depois disso, nada mais perturbaria sua família, e, de fato, nada aconteceu. É claro que eu sabia que você era o pescador no desenho do seu filho, e você mesmo me disse, mas o garoto não sabia.[146]

Em *Memórias*, Jung contou que, por volta das cinco da tarde, o sino da porta da frente começou a tocar, e as empregadas estavam na cozinha. A porta da frente podia ser vista da cozinha.

Domingo, às cinco horas da tarde, a campainha da porta de entrada tocou insistentemente. Era um dia claro de verão e as duas empregadas estavam na cozinha, de onde era possível ver o que se passava no espaço livre diante da porta. Eu estava relativamente perto da campainha, ouvi quando ela tocou e também pude ver o badalo em movimento. Imediatamente corremos à porta para ver quem era, mas não era ninguém! Nós nos entreolhamos, estupefatos! A atmosfera era terrivelmente opressiva. Percebi que algo ia acontecer. A casa parecia repleta de uma multidão, como se estivesse cheia de espíritos! Estavam por toda a parte, até mesmo debaixo da porta, mal se podia respirar. Naturalmente, uma pergunta ardia em mim: "Em nome do céu, o que quer isso dizer?" Houve então uma resposta uníssona e vibrante: "Nós voltamos de Jerusalém, onde não encontramos o que buscávamos." Estas palavras correspondem às primeiras linhas dos *Septem Sermones ad Mortuos*.

---

146 *CFB*.

As palavras puseram-se então a fluir espontaneamente e em três noites a coisa estava escrita. Mal eu começara a escrever, toda a corte de espíritos desvaneceu-se. A fantasmagoria terminara.[147]

Os mortos tinham aparecido numa fantasia em 17 de janeiro de 1914 e tinham dito que estavam prestes a ir a Jerusalém para orar no Santo Sepulcro.[148] Evidentemente, sua viagem não fora bem-sucedida. Eles retornaram e fizeram perguntas metafísicas. A reação de Jung consistiu em tratar das perguntas dos mortos e instruí-los, explicando-lhes a cosmogonia que sua alma tinha descrito para ele. Isso ocorreu entre 30 de dezembro de 1916 e 8 de janeiro de 1917. Os *Septem Sermones ad Mortuos* [Sete sermões aos mortos] podem ser vistos como uma culminação das fantasias desse período. É uma cosmogonia psicológica moldada ao modo de um mito de criação gnóstico. Nas fantasias de Jung, um novo Deus tinha nascido em sua alma, o Deus que é o filho dos sapos, Abraxas. Jung entendeu isso simbolicamente. Ele viu essa figura como representação da união do Deus cristão com Satanás e, daí, como retrato de uma transformação da imagem ocidental de Deus. Foi em 1952, em *Resposta a Jó*, que Jung aprofundou esse tema.

Ele tinha estudado a literatura sobre o gnosticismo durante sua leitura preparatória para *Transformações e símbolos da libido*. No início de 1913, ele leu *Abraxas*, de Dieterich, ainda sob a perspectiva de sua teoria da libido. Em janeiro e outubro de 1915, enquanto prestava serviço militar, ele estudou intensamente as obras dos gnósticos. Ele se surpreendeu com a proximidade desses textos com seu próprio *Liber Novus* e também com o que ele via como a semelhança entre a Época Moderna e o tempo do cristianismo primitivo. Após escrever os *Septem Sermones* nos *Livros Negros*, Jung os copiou num livro separado em escrita caligráfica, reorganizando levemente a sequência. Ele acrescentou a seguinte inscrição sob o título: "As sete instruções dos mortos. Escritas por Basílides em Alexandria, a cidade em que o Oriente toca o Ocidente".[149] Então fez uma impressão privada, acrescentando a inscrição: "Traduzido do original grego para o alemão". Essa legenda indica os efeitos estilísticos da erudição clássica do final do século XIX sobre Jung. Ele lembrou que a escreveu por ocasião da

---

147 *Memórias*, p. 169.
148 *Livro 4*, p. 207.
149 O Basílides histórico era um gnóstico que ensinava em Alexandria no século II d.C. (cf. LAYTON, B. (org). *The Gnostic Scriptures*: Ancient Wisdom for the New Age. Nova York: Doubleday, 1987, p. 417-444.

fundação do Clube Psicológico e via isso como presente a Edith Rockefeller McCormick por ter fundado o Clube.[150] Ele deu cópias a amigos e confidentes. Fez uma inscrição em um exemplar a Adolf Keller: "Este pequeno livro que eu confio a tua paciência amigável e bem-intencionada traz consigo um desejo: ele gostaria de receber uma boa capa neste frio clima do mundo./O não autor e copista".[151] Ao presentear Alphonse Maeder com um exemplar, ele escreveu:

> Não pude atrever-me a colocar meu nome nele, em vez disso, escolhi o nome de uma daquelas grandes mentes do início da era cristã que o cristianismo obliterou. Ele caiu em meu colo de forma bastante inesperada, como uma fruta madura num tempo de grande estresse, e acendeu uma luz de esperança e consolo para mim em minhas horas ruins.[152]

Em direção à psicologia analítica

Em 1916, Jung escreveu vários ensaios e um livro curto em que começou a tentar traduzir alguns dos temas do *Liber Novus* para uma linguagem psicológica contemporânea e a refletir sobre o significado e a aplicabilidade geral de sua atividade. Significativamente, foi nesses trabalhos que ele apresentou os primeiros esboços dos principais componentes de sua psicologia madura. Ele tentou traduzir o que ele tinha aprendido do espírito das profundezas para a linguagem do espírito dos tempos. Um relato completo desses artigos ultrapassa o escopo desta introdução. O resumo abaixo destaca elementos que estão ligados mais diretamente ao *Liber Novus* e aos *Livros Negros*.

Em seus trabalhos entre 1911 e 1914, Jung tinha se preocupado principalmente com o estabelecimento de um relato estrutural do funcionamento humano geral e da psicopatologia. Além de sua teoria anterior dos complexos, ele já tinha formulado concepções de um inconsciente adquirido filogeneticamente e povoado por imagens míticas, de uma energia psíquica não sexual, dos tipos gerais de introversão e extroversão, da função compensatória e prospectiva

---

150 *MP*, p. 26.

151 Biblioteca, Clube Psicológico, Zurique.

152 19 de janeiro de 1917, *Letters I*, p. 33-34. Ao enviar um exemplar dos *Sermones* a Jolande Jacobi, Jung os descreveu como "uma curiosidade da oficina do inconsciente" (7 de outubro de 1928, *JA*).

dos sonhos e da abordagem sintética e construtiva de fantasias. Enquanto continuava a expandir e desenvolver essas concepções em detalhe, uma preocupação adicional começava a emergir fortemente nesses artigos: a tentativa de fornecer um relato temporal de desenvolvimento mais alto, que Jung chamou de processo de individuação. Isso representa o resultado teórico central da autoexperimentação de Jung. A elaboração completa do processo de individuação e sua comparação histórica e intercultural o ocupariam pelo resto de sua vida.

Em 1916, ele apresentou uma palestra à Associação de Psicologia Analítica intitulada "A estrutura do inconsciente", que foi publicada pela primeira vez numa tradução francesa em *Archives de Psychologie*, de Théodore Flournoy.[153] Aqui ele diferencia duas camadas do inconsciente. A primeira, o inconsciente pessoal, consiste em elementos adquiridos ao longo da vida, juntamente com elementos que podiam ser também conscientes.[154] A segunda era o inconsciente impessoal ou psique coletiva.[155] Enquanto o consciente e o inconsciente pessoal eram desenvolvidos e adquiridos ao longo da vida da pessoa, a psique coletiva era herdada.[156] Nesse ensaio, Jung discutiu os fenômenos curiosos que resultavam da assimilação do inconsciente. Ele observou que, quando indivíduos anexavam os conteúdos da psique coletiva e os consideravam atributos pessoais, eles experimentavam estados extremos de superioridade e inferioridade. Ele pegou emprestado o termo "semelhança de Deus" de Goethe e Adler para caracterizar isso. Esse estado surgia da fusão da psique pessoal e coletiva e representava um dos perigos da análise.

Jung escreveu que era difícil diferenciar a psique pessoal e coletiva. Um impedimento era a persona – a "máscara" ou o "papel" da pessoa – que representava o segmento da psique coletiva muitas vezes considerada equivocadamente como individual. Quando se analisava a persona, a personalidade se dissolvia na psique coletiva, que resultava na liberação de um fluxo de fantasias: "Todos os tesouros do pensamento e sentimento mitológicos são destrancados".[157] A diferença entre o estado que resultava disso e a insanidade estava no fato de que o

---

153 Depois de sua separação de Freud, Jung descobriu o apoio continuado de Flournoy. Cf. Jung na obra de Flournoy de 1900, *From India to the Planet Mars: A Case of Multiple Personality with Imaginary Languages* (Princeton: Princeton University Press, 1994, p. ix [org. Sonu Shamdasani, trad. D. Vermilye]).

154 OC 7/2, p. 133-134.

155 Ibid., p. 136.

156 Ibid., p. 144.

157 OC 7/2, § 468.

primeiro era intencional. Duas possibilidades se apresentavam: a pessoa podia tentar restaurar a persona regressivamente e retornar ao estado anterior. No entanto, era impossível livrar-se do inconsciente. Alternativamente, a pessoa podia aceitar a condição da semelhança de Deus. Um terceiro caminho consistia no tratamento hermenêutico de fantasias criativas, que resultava na síntese da psique individual e coletiva, revelando a linha da vida individual. Esse era o processo da individuação. Numa revisão subsequente sem data desse artigo, Jung introduziu a noção da anima como contraparte à noção da persona. Ele via ambas como "imagos do sujeito". Ele definiu a anima em termos de como o sujeito "se comporta em face dos conteúdos do inconsciente coletivo".[158]

A descrição vívida das vicissitudes do estado da "semelhança de Deus" pode ser compreendida como representação de alguns dos estados afetivos de Jung durante sua autoexperimentação. A noção da diferenciação da *persona* e sua análise correspondem aos primeiros registros no *Livro 2*, onde Jung se separou de seu papel e conquistas e tentou se reconectar com sua alma. A liberação de fantasias mitológicas é precisamente o que se sucedeu no seu caso, e o tratamento hermenêutico de fantasias criativas foi o que ele apresentou na camada dois de *Liber Novus*. A diferenciação do inconsciente pessoal e impessoal forneceu um entendimento teórico de suas fantasias mitológicas: sugere que ele não as via como provenientes de seu inconsciente pessoal, mas da psique coletiva herdada. Se este for o caso, suas fantasias provinham de uma camada da psique que era uma herança humana coletiva; não eram simplesmente idiossincráticas ou arbitrárias.

Em outubro do mesmo ano, Jung apresentou duas palestras ao Clube Psicológico sobre adaptação e individuação. A primeira era intitulada "Adaptação". O processo assumia duas formas: adaptação às condições exteriores e interiores. "Interior" designava o inconsciente. A adaptação ao interior levava à exigência da individuação, que era contrária à adaptação a outros. O cumprimento dessa exigência e a ruptura correspondente com a conformidade levavam a uma culpa trágica, que exigia expiação e uma nova "função coletiva", pois o indivíduo devia produzir valores capazes de servirem como um substituto para sua ausência da sociedade. Esses novos valores permitiam a reparação do coletivo. Individuação era para poucos. Aqueles que eram insuficientemente criativos

---

158 OC 7/2, p. 175.

podiam reestabelecer uma conformidade coletiva com uma sociedade. O indivíduo devia não só criar novos valores, mas também criar valores socialmente reconhecíveis, pois a sociedade tinha um "direito a *valores utilizáveis*".[159]

Se lermos isso em termos da situação de Jung, isso sugere que sua ruptura com a conformidade social para buscar sua "individuação" o levara à opinião de que ele devia produzir valores socialmente realizáveis como uma expiação. Sua autoexperimentação devia resultar num trabalho que apresentava novos valores numa forma socialmente reconhecível. Isso gerou um dilema: a forma em que Jung representava esses novos valores no *Liber Novus* seria socialmente aceitável e reconhecível?

A segunda palestra foi "Individuação e coletividade". Jung argumentou que esses dois estados eram um par de opostos relacionados pela culpa. Sociedade exigia imitação. Em análise, "pela imitação o paciente aprende a individuação, porque ela reativa os valores que são próprios dele".[160] É possível ler isso como um comentário sobre o papel da imitação no tratamento analítico daqueles pacientes seus que Jung estava agora encorajando a embarcar em processos semelhantes de desenvolvimento. A alegação de que esse processo evocava os valores preexistentes do paciente era uma refutação da acusação de sugestão.

Em novembro, enquanto prestava serviço militar em Herisau, Jung escreveu um artigo chamado "A função transcendente".[161] Ele retratou o método de evocar e desenvolver fantasias que, mais tarde, ele chamou imaginação ativa e explicou sua lógica terapêutica em linguagem psicológica. Surpreendentemente, não há nele nenhum indício da exploração cosmológica, metafísica e teológica mais ampla na qual ele mesmo estava empenhado. Ele observou que um problema crítico que a análise enfrentava era o fato de que a nova atitude obtida por meio disso subsequentemente se tornava obsoleta. Materiais inconscientes eram necessários para complementar a atitude consciente e para corrigir sua unilateralidade. Mas, visto que a tensão energética era baixa no sono, os sonhos eram expressões inferiores de conteúdos inconscientes. Assim, era necessário recorrer a outras fontes — isto é, a fantasias espontâneas. Os *Livros Negros* documentam alguns sonhos. Um livro de sonhos recentemente recuperado contém

---

159 OC 18/2, § 1098.
160 OC 18/2, § 1100.
161 Este foi publicado apenas em 1957, trad. A.R. Pope (Zurique: Associação dos Estudantes, Instituto C.G. Jung). Uma versão revisada se encontra em OC 8/2.

uma série de sonhos de 1917 a 1925.[162] Uma comparação minuciosa dele com os *Livros Negros* desse período indica que as imaginações ativas de Jung não derivam diretamente de seus sonhos e que esses dois eram, em geral, duas correntes independentes.

Jung descreveu sua técnica para induzir fantasias espontâneas: "Esse treinamento consiste primeiramente nos exercícios sistemáticos de eliminação da atenção crítica, criando, assim, um vazio na consciência".[163] No início, a pessoa se concentrava num humor específico e tentava se conscientizar o máximo possível de todas as fantasias e associações que surgiam em conexão com ele. O objetivo era dar espaço à fantasia, mas sem se afastar do afeto inicial num processo associativo livre. Isso levava a uma expressão concreta ou simbólica do humor, o que tinha o resultado de aproximar o afeto do consciente, tornando-o assim mais compreensível. Isso já bastava para ter um efeito vitalizante. O indivíduo podia desenhar, pintar ou esculpir, dependendo de suas propensões:

> Os tipos visualmente dotados devem concentrar-se na expectativa de que se produza uma imagem interior. De modo geral, aparece uma imagem da fantasia – talvez de natureza hipnagógica – que deve ser cuidadosamente observada e fixada por escrito. Os tipos audioverbais em geral ouvem palavras interiores [...]. Outros, porém, nestes momentos escutam sua "outra" voz [...], um pouco menos frequente, mas não menos valiosa, é a escritura automática, feita diretamente em prancheta.[164]

Uma vez produzidas e representadas, duas abordagens a essas fantasias eram possíveis: formulação criativa e compreensão. Cada uma precisava da outra, e ambas eram necessárias para produzir a função transcendente, que resultava da união de conteúdos conscientes e inconscientes.

Jung observou que, para algumas pessoas, era simples perceber a "outra" voz na escrita e responder a ela do ponto de vista do eu: "É exatamente como se se travasse um diálogo entre duas pessoas..."[165] O diálogo levava à função transcendente, que resultava numa ampliação da consciência. Suas descrições do uso

---

162 *JFA*.
163 OC 8/2, § 155.
164 OC 8/2, § 170-171. Uma prancheta é uma pequena tábua de madeira sobre descansos usada para facilitar a escrita automática.
165 OC 8/2, § 186.

de diálogos internos e os meios de evocar fantasias num estado desperto correspondem ao seu próprio empreendimento nos *Livros Negros*. A interação entre formulação criativa e compreensão corresponde ao seu trabalho no *Liber Novus*, que contém ambos os elementos.

Em 1917, Jung publicou um livro curto com um título longo: *A psicologia dos processos inconscientes: Escritos para uma ciência da alma aplicada*. Em seu prefácio, que data de dezembro de 1916, ele proclama:

> Nada mais apropriado do que os processos psicológicos que acompanham a guerra atual — notadamente a anarquização inacreditável dos critérios em geral, as difamações recíprocas, os surtos imprevisíveis de vandalismo e destruição, a maré indizível de mentiras e a incapacidade do homem de deter o demônio sanguinário para obrigar o homem que pensa a encarar o problema do inconsciente caótico e agitado, debaixo do mundo ordenado da consciência. Esta guerra mundial mostra implacavelmente que o homem civilizado ainda é um bárbaro [...]. *A psicologia do indivíduo corresponde à psicologia das nações. As nações fazem exatamente o que cada um faz individualmente; e do modo como o indivíduo age, a nação também agirá.* Somente com a transformação da atitude do indivíduo é que começará a transformar-se a psicologia da nação. Até hoje, os grandes problemas da humanidade nunca foram *resolvidos* por decretos coletivos, *mas somente pela renovação da atitude do indivíduo*.[166]

A guerra tornou visível o inconsciente caótico. Enquanto eventos coletivos podiam liberar os demônios do inconsciente, a única solução se encontrava no nível individual. Numa linguagem que lembrava o ensaio "O equivalente moral da guerra", de William James, ele afirmou: "Cada indivíduo precisa de revolução, divisão interior, dissolução do prevalecente e renovação". Isso seria alcançado por meio de autorreflexão e um retorno do indivíduo para o fundamento da essência humana.[167] Compreendida dessa maneira, a análise podia providenciar a base para a renovação cultural. Isso articulava a interconexão íntima entre eventos individuais e coletivos que ocupava o centro do *Liber Novus*. Para Jung, a conjunção entre suas visões precognitivas e a irrupção da guerra tinha

---

166 OC 7/1, p. 10.
167 OC 7/1, p. 12.

evidenciado as conexões subliminais profundas entre fantasias individuais e eventos mundiais – e, portanto, entre a psicologia do indivíduo e a da nação. O que se fazia necessário agora era esmiuçar essa conexão.

Jung observou que, após analisar e integrar os conteúdos do inconsciente pessoal, o analista era confrontado com fantasias mitológicas que provinham da camada filogenética do inconsciente.[168] *A psicologia dos processos inconscientes* forneceu uma exposição do inconsciente coletivo, suprapessoal e absoluto – sendo que esses termos eram intercambiáveis. Ele argumentou que era necessário separar-se do inconsciente apresentando-o visivelmente como algo separado. Era vital diferenciar o "eu" do não "eu" – ou seja, a psique coletiva do inconsciente absoluto. Para tanto, "é indispensável que o homem – na função de eu – se conserve em *terra firme*, isto é, *cumpra seu dever em relação à vida e, em todos os sentidos, manifeste sua vitalidade como membro ativo da sociedade humana*".[169] Essas duas tarefas – a separação do inconsciente por meio da apresentação visível e, ao mesmo tempo, a manutenção dos deveres e responsabilidades mundanos – eram o que ele vinha tentando fazer nesse período.

Em *Transformações e símbolos da líbido*, Jung tinha chamado os conteúdos desse inconsciente de mitos típicos ou imagens primordiais. Ele também os chamou "dominantes": "os dominadores, os Deuses, isto é, configurações das leis dominantes e dos princípios que se repetem com regularidade à medida que se sucedem as figurações, as quais são continuamente revividas pela alma".[170] Devia-se dar atenção especial a esses dominantes. De importância especial era o "*desmembramento dos conteúdos mitológicos da psique coletiva dos objetivos da consciência e sua consolidação como realidades psíquicas exteriores à psique individual*".[171] Isso capacitava a pessoa a aceitar os resíduos ativados da nossa história ancestral. A diferenciação entre o pessoal e o não pessoal resultava numa liberação de energia.

Esses comentários representam outra descrição dessa atividade: a tentativa de diferenciar os diversos personagens que apareciam e "consolidá-los como

---

168 Em sua revisão de 1943 dessa obra, Jung acrescentou que o inconsciente pessoal "corresponde à figura da *sombra*, que frequentemente aparece nos sonhos" (OC 7/1, § 103). Ele acrescentou a seguinte definição dessa figura: "*Sombra* é para mim a parte "negativa" da personalidade, isto é, a soma das propriedades ocultas e desfavoráveis, das funções maldesenvolvidas e dos conteúdos do inconsciente pessoal" (ibid., § 103n). Subsequentemente, essa fase do processo de individuação foi descrita como o encontro com a sombra (cf. OC 9/2, § 13-19).

169 OC 7/1, § 113.

170 Ibid., § 151.

171 Ibid., § 158.

realidades psicológicas". A noção de que essas figuras tinham uma realidade psicológica por direito próprio e não eram meramente invenções subjetivas foi a lição principal que ele atribuiu à figura imaginal de Elias: objetividade psicológica.[172]

Jung argumentou que a era da razão e do ceticismo inaugurada pela Revolução Francesa tinha tido o efeito de reprimir a religião e o irracionalismo. Isso teve consequências sérias, que tinham levado à irrupção do irracionalismo representada pela guerra mundial. Era, portanto, uma necessidade histórica reconhecer o irracional como um fator psicológico. A aceitação do irracional forma um dos empreendimentos centrais nos *Livros Negros*.

Em *Psicologia dos processos inconscientes*, Jung desenvolveu seu conceito de tipos psicológicos. Observou que as características psicológicas dos tipos costumavam ser levadas ao extremo. Por meio daquilo que ele designou a lei da enantiodromia, ou da inversão no oposto, entrava a função opositora — isto é, o sentimento no caso do introvertido e o pensamento no caso do extrovertido. Essas funções secundárias eram encontradas no inconsciente. O desenvolvimento da função contrária levava à individuação. Visto que a função contrária não era aceitável ao consciente, para aceitá-la fazia-se necessária a produção da função transcendente. O inconsciente representava um perigo quando a pessoa não estava em harmonia com ele. Mas, com o estabelecimento da função transcendente, a desarmonia se dissipava. Isso permitia acesso aos aspectos produtivos e benéficos do inconsciente. O inconsciente continha a sabedoria e a experiência de inúmeras eras e servia como um guia sem igual. O desenvolvimento da função contrária é retratado na seção "Mistério" do *Liber Novus*, que trata dos encontros com Elias e Salomé em dezembro de 1913.[173] A tentativa de ganhar a sabedoria armazenada no inconsciente é retratada ao longo de todos os *Livros Negros*. O "eu" de Jung pede que sua alma lhe conte o que ela vê e lhe explique o significado de suas fantasias. Aqui, o inconsciente é visto como uma fonte de sabedoria elevada. Jung concluiu o ensaio indicando a natureza pessoal e experiencial de suas novas concepções: "Nossa era está procurando uma nova fonte de vida. Eu encontrei uma e bebi dela, e a água era saborosa".[174]

---

172 *Seminários de psicologia analítica*, p. 135.
173 *Livro 2*, p. 180-198.
174 *Collected Papers on Analytical Psychology*, p. 444.

A emergência de Fanes

O sétimo sermão tinha culminado numa evocação de um Deus-estrela:

A uma distância imensurável, uma estrela com luz azul se encontra no zênite. Esse é o Deus uno desse ser humano, este é o seu mundo, seu pleroma, sua divindade. Neste mundo, o ser humano é Abraxas, que gera e devora o seu mundo.

Essa estrela é o Deus, a finalidade do ser humano. Esse é o seu Deus uno e orientador. Nele o ser humano vai descansar. Para ele se dirige a longa jornada da alma após a morte. Nele tudo que o ser humano retira do mundo maior resplandece como luz.

A esse Deus reze o ser humano.[175]

Os registros de outono de 1916 desenvolvem essa figura, que é revelada como Fanes. Fanes apareceu pela primeira vez como um pássaro dourado da árvore da luz. A alma de Jung o identificou como o "último e mais sublime". No outono de 1917, Filêmon descreveu seu esplendor luminoso em registros que poderiam ser considerados sermões adicionais.[176]

Em 1919, Jung pintou seu retrato no *Líber Novus* como uma criança divina, observando: "Eu o chamei FANES, pois ele é o Deus recém-aparecido".[177] Para ele, a emergência dessa figura denotava uma transformação espiritual que estava ocorrendo no mundo. Em 1919, escreveu a Joan Corrie, uma aluna inglesa:

no último sermão, você encontra o início da individuação, da qual surge a criança divina. Por favor, não fale sobre essas coisas com outras pessoas. Isso poderia prejudicar a criança. A criança é destino e amor fati & orientação e necessidade – e paz e realização (Isa[ías] 9,6). Mas não permita que você se disperse em pessoas e opiniões e discussões. A criança é um Deus novo, na verdade, nascido em muitos indivíduos, mas eles não sabem. Ele é um Deus "espiritual". Um espírito em muitas pessoas, no entanto, um só e o mesmo em toda parte. Acompanhe seu tempo e experimentará suas qualidades.[178]

---

175 *Líver 6*, p. 226-227.
176 *Líver 7*, p. 158ss., 165.
177 Cf. apêndice, p. 141.
178 Copiado no diário de Constance Long, *CLM*, p. 21-22.

Durante esse período, a alma de Jung procurou instruí-lo no que dizia respeito às suas relações com mulheres. Entre 1916 e 1918, referências são feitas à "branca" e à "preta", respectivamente. Os contextos parecem sugerir que são referências a Maria Moltzer e Toni Wolff, respectivamente.[179] Num registro em seu livro de sonhos de 2 de julho de 1917, Jung se referiu ao seu "amor impessoal" por ambas as mulheres e observou que, com elas, sua alma estava "completa, realizada".[180] Em 27 de setembro de 1916, sua alma aconselhou o seguinte: "Deixa a preta ir. Nenhum vínculo profundo demais. Ela também é vazia e vive através de ti. Ela não pode te dar o que precisas".[181] No dia seguinte, sua alma acrescentou com referência à preta:

As mulheres fazem parte dos meus adversários mais perigosos, pois possuem minha qualidade. É por isso que podes me confundir tão facilmente com a preta. Eu também tenho olhos de cabra dourados e pelo preto. Eu me coloco entre ela e ti. A branca é menos perigosa para ti, pois ela não se parece em nada comigo e é de natureza tão adversa que é impossível tu te perderes ali. [...] Compreendo que tu a amas, mas quero ela fora do caminho.[182]

Um ano depois, sua alma tinha mudado sua posição em relação à preta. Em 22 de outubro de 1917, ela aconselhou: "Amar menos. A faca, estás ouvindo, precisas da faca. Corta o que não serve. Não a preta – ela serve. Ela é calada e te acompanha. Tu precisas dela. Ela se alegra quando estás bem".[183] Aconselhou o contrário no que dizia respeito à branca. Em 28 de fevereiro de 1918, ela disse: "Há muito tempo já te sugeri separar-te da branca".[184] O que estava emergindo durante esse período era o entendimento de Jung da figura da anima, da alma feminina do homem, e a necessidade de reconhecer a anima como componente interno em vez de vê-la em mulheres. Em termos técnicos, ele se referiu a isso como retirada e integração da projeção da anima sobre mulheres.

Entre 11 de junho e 2 de outubro de 1917, Jung estava prestando serviço militar em Chamonix d'Oex, como comandante dos internados de guerra do exército inglês. Por volta de agosto, escreveu a Smith Ely Jelliffe que seu serviço

---

179 Elas tinham cabelo claro e escuro, respectivamente.
180 "Sonhos", p. 17.
181 *Lívro 6*, p. 258.
182 Ibid p. 258-259.
183 *Lívro 7*, p. 162.
184 Ibid., p. 174-175.

militar o tinha afastado totalmente de seu trabalho e que, quando retornasse, esperava terminar um longo artigo sobre tipos. Concluiu: "Conosco tudo permanece igual e quieto. Tudo é engolido pela guerra. A psicose continua aumentando e se arrasta infinitamente".[185]

Do início de agosto até o fim de setembro, ele desenhou a lápis uma série de mandalas em seu caderno militar, que ele preservou.[186] A primeira é intitulada de "Fanes" e traz a legenda: "transformação da matéria no indivíduo".[187] Essa imagem pode ser vista como tentativa de representar o "Deus recém-surgido" e sua relação com o indivíduo. Essas mandalas estão vinculadas às fantasias simultâneas nos *Livros Negros*. Várias apresentavam hieróglifos complexos que emergiram e foram elucidadas em diálogos com o mago negro Ha no outono de 1917.[188] Então, Jung as pintou no volume caligráfico do *Liber Novus*, mas elas não apresentam nenhuma relação com o texto. Elas acompanham os diálogos do outono nos *Livros Negros*.

Mais tarde, Jung lembrou que ele não entendia essas mandalas, mas sentia que eram muito significativas. Começando em 20 de agosto, ele desenhou uma mandala na maioria dos dias. Isso lhe deu a sensação de ter tirado uma fotografia de cada dia, e ele observou como essas imagens mudavam. Lembrou que recebeu uma carta "dessa mulher holandesa" – Moltzer – "que me deu terrivelmente nos nervos".[189] Moltzer argumentou que "as fantasias provenientes do inconsciente possuíam valor artístico e deveriam ser consideradas arte".[190] Pintores modernos estavam tentando produzir arte a partir do inconsciente, e a opinião de Moltzer o incomodava porque não era estúpida e o levou a questionar se suas fantasias eram espontâneas e naturais. No dia seguinte, desenhou uma mandala e um pedaço quebrou, e a simetria foi destruída:

---

185 BURNHAM, J.C. *Jelliffe*: American Psychoanalyst and Physician and His Correspondence with Sigmund Freud and C.G. Jung. Chicago: University of Chicago Press, 1983, p. 199 [org. William McGuire].

186 Cf. FUNDAÇÃO DAS OBRAS DE C.G. JUNG (orgs.). *A arte de C.G. Jung*. Petrópolis: Vozes, 2019.

187 Cf. apêndice, p. 123.

188 *Livro 7*, p. 148-150.

189 *MP*, p. 172.

190 Ibid., p. 220. Referente à concepção de arte de Moltzer, Fanny Bowditch Katz anotou em seu diário que Moltzer via as pinturas dela como "puramente subjetivas, não como obras de arte" (31 de julho de 1916, *CLM*). Em outra ocasião, Katz observa que Moltzer "falava de Arte, de arte verdadeira, como sendo expressão de religião" (24 de agosto de 1916, *CLM*).

Apenas agora eu vim a entender gradualmente o que a mandala realmente é: formação, transformação,/ A recriação eterna da mente eterna. E isso é o Si-mesmo, a integralidade da personalidade, que, quando tudo está bem, é harmoniosa, mas que não suporta autoenganação. Minhas imagens de mandalas eram criptogramas sobre o estado do meu Si-mesmo, que eram entregues a mim todos os dias.[191]

A mandala parece ser a de 6 de agosto de 1917.[192] A citação é de *Fausto*, 2, ato 1, 11. 6.287ss., de Goethe. Mefistófeles está se dirigindo a Fausto, dando-lhe informações de como chegar à esfera das Mães:

MEFISTÓFELES: Um trípode brilhante finalmente te mostrará,

que estás no fundo, no mais fundo solo.

Em sua luz, verás as Mães:

uma está sentada, outras estão de pé e caminham,

como quer o acaso. Formação, transformação

a recriação eterna da mente eterna

coberta de imagens de todas as criaturas,

elas não te veem, pois veem apenas sombras.

Então segura teu coração, pois o perigo é grande

e vai diretamente para aquele trípode,

toca-o com a chave!

A carta à qual Jung se referia não veio à luz. No entanto, numa carta subsequente de 21 de novembro de 1918, enviada de Château-d'Oex, Jung escreveu que "M. Moltzer novamente me perturbou com cartas".[193]

Ele reproduziu as mandalas no volume caligráfico de *Líber Novus*. Uma década mais tarde, em 1929, ele descreveu essa sequência anonimamente em seu "Comentário sobre *O segredo da flor de ouro*":

Conheço uma série de desenhos de mandalas europeias, onde aparece uma espécie de semente vegetal envolta em membranas, flutuando na água. A partir do fundo,

---

191 *MP*, p. 221.

192 Cf. apêndice, p. 129.

193 Carta inédita, *JFA*. Existe também uma pintura sem data de Moltzer que parece ser uma mandala quadrada. Ela a descreve em breves anotações como "uma representação pictórica da individuação ou do processo de individuação" (biblioteca, Clube Psicológico, Zurique).

o fogo sobe e penetra a semente, incubando-a de tal modo, que uma grande flor de ouro cresce da vesícula germinal.[194]

Lá, ele apresentou a seguinte interpretação dessa sequência:

Este simbolismo refere-se a uma espécie de processo alquímico de purificação e de enobrecimento; a escuridão gera luz e a partir do "chumbo da região da água" cresce o ouro nobre; o inconsciente torna-se consciente, mediante um processo de vida e crescimento (em total analogia com isto, lembremos a kundalini da ioga hindu). Desse modo se processa a unificação de consciência e vida.[195]

Em 30 de julho de 1917, Fanny Bowditch Katz, que fez análise com Jung e Moltzer, fez anotações de sua conversa com Moltzer em que fala candidamente sobre como Moltzer via o relacionamento dela com Jung e sua luta e como ela tinha visitado Jung em Château-d'Oex durante esse período:

É difícil escrever desta hora — eu tive uma comunicação perfeita e fiquei 1 hora e 45 minutos com ela — no fim desse tempo, senti-me elevada para outro mundo e quase como se tivesse estado numa presença divina. Ela falou maravilhosamente, como que inspirada, e vi de forma mais clara do que nunca em prol de que ela estava trabalhando — o que significa sua luta com o Dr. Jung. Quão maravilhosamente ela falou do trabalho que ela sentia que ela e o Dr. J. fariam juntos, para o qual eles são apenas instrumentos. Pequenos átomos no grande universo — do nosso dever à vida — da sujeição de si mesmo para o benefício de todos — todos os sentimentos estão emergindo em mim como nunca antes. Ela falou da grande luta que está ocorrendo atualmente no mundo, da grande agonia, que é a expressão coletiva da luta individual [...]. Ela falou de Ísis — cujo filho tirou a coroa da cabeça dela e a jogou no chão — após o qual surgiu uma nova coroa na cabeça dela, uma vaca com o sol e a lua entre seus chifres — não é isso que está acontecendo com ela por meio do tratamento do Dr. Jung [...]. No dia seguinte, passamos quase uma hora conversando na sala de jantar. Ela em seu quimono cor de rosa acomodada sobre a mesa. Como me esquecerei disso? Ela falou de seu plano de ir a Château-

---

194 JUNG, C.G. "Comentário sobre *O segredo da flor de ouro*", OC 13, § 34.
195 Ibid., § 35.

-d'Oex para falar com o Dr. Jung sobre a injustiça dele para com ela – de um lado, ele é tão bom, de outro, ele é quase um charlatão que tenta agradar ao público./A atitude dele em relação às suas diferenças é a atitude de um homem intelectual – o homem histórico [...]. Então ela disse – e, ah, como ela disse – com aquele maravilhoso olhar distante em seus olhos, que ela sentia que, em algum lugar lá no fundo, devia existir uma afinidade entre ela e mim e que isso significava que eu devia fazer por R. o que ela estava fazendo pelo Dr. J.! [...] evidentemente, ela sente que R. possui um grande valor que eu posso trazer à tona – e ela falou de sua superação do pessoal a fim de fazer isso – ela certamente fez com o Dr. Jung![196]

No início de 1918, as dificuldades entre Moltzer e Jung se intensificaram. Em 14 de abril de 1918, Jung escreveu a Josef Lang sobre uma carta que ele tinha recebido de Moltzer em que ela o acusava de tentar destruir o relacionamento dela com Lang numa "sede de vingança".[197] Jung pediu que Lang indicasse a Moltzer que ele não tinha analisado a relação de Lang com ela e que não sabia dela nem se importava com ela. Disse que não tinha nenhum desejo de vingança e que Moltzer simplesmente não conseguia aceitar o que ele dizia. Ele disse a Lang que sentia pelo fato de alguém tão valioso como Moltzer ter fantasias tão idiotas e projetar lixo sobre ele. Disse que tinha interrompido quaisquer relações com ela meses atrás. Jung disse a Lang que Moltzer alegava que ele tinha uma transferência irresolvida em relação a ela. Isso indicava a Jung que ela era paranoica. Disse que ela também afirmava que ele não conseguia reconhecer a independência dela. Jung acreditava que o problema era que ela nutria uma concepção "profundamente degradante" da natureza humana e sempre imputava o mais baixo dos motivos – era por isso que ele tinha se afastado dela. A despeito de tudo, ela ainda queria a amizade dele. Enquanto Moltzer alegava que Jung estava projetando sobre ela, Jung afirmava o oposto: ele a tinha deixado em paz, enquanto ela o bombardeava com insultos.

---

196 Fanny Bowditch Katz, Diary, CLM. "R." é uma referência a Rudolf Katz, com quem Fanny Bowditch se casou.

197 Documentos de J.B. Lang, Arquivos Literários da Suíça, Berna. Sobre Lang, cf. FEITKNECHT, T. (org.) "*Die dunkle und wilde Seite der Seele*": Hermann Hesse. Briefwechsel mit seinem Psychoanalytiker Josef Bernhard Lang, 1916-1944. Frankfurt: Suhrkamp, 2006.

Logo depois, Moltzer se demitiu do Clube. Isso causou consternação e um debate extenso numa reunião em 1º de junho.[198] Ao receber sua carta de demissão, Emma Jung, a presidente do Clube, tentou convencê-la a ficar, mas sem sucesso. O mesmo tentou fazer Adolf Keller. Emma Jung observou que Moltzer tinha demonstrado uma postura crítica em relação ao Clube havia seis ou oito semanas, uma antipatia que, na verdade, datava do verão anterior. A carta de Moltzer criticava o intelectualismo do Clube e o fato de que ele tinha sido dominado pelo conflito sobre a questão dos tipos. Ao mesmo tempo em que lamentava a saída de Moltzer, Emma Jung sentia que as razões que Moltzer citava para se afastar não eram as verdadeiras. Martha Sigg sugeriu que Moltzer tinha sido influenciada pelos pacientes dela contra o Clube, o que Jung acreditou ser possível. Alguns membros acreditavam que a razão para seu afastamento era a deficiência de sua função coletiva. Sarah Barker, uma de suas analisandas, sugeriu o fato de que Moltzer considerava o Clube "tão não analítico que não podia mais sancioná-lo ou apoiá-lo" era uma questão séria.[199] Ela argumentou que era um erro acreditar que, como havia sido afirmado, "sua atitude tinha sido influenciada por inúmeras resistências causadas pelos pacientes dela". Barker observou que, desde o início, Moltzer tinha afirmado que "o Clube não fora fundado ou conduzido de acordo com princípios analíticos".[200] Numa carta de 1º de agosto de 1918, Moltzer escreveu a Bowditch Katz:

> Sim, eu me demiti do Clube. Não consegui viver mais naquela atmosfera. Estou feliz por ter feito isso. Acredito que, em seu devido tempo, quando o Clube realmente se transformar em algo, o Clube será grato por eu ter feito isso. Minha resignação tem seus efeitos silenciosos. Silenciosos, pois parece que isso faz parte do meu caminho, que não recebo abertamente o reconhecimento ou o apreço por aquilo que faço em prol do desenvolvimento de todo o movimento analítico. Eu sempre trabalho no escuro e sozinha. Esse é o meu destino e deve ser esperado.[201]

Em 19 de outubro, Jung informou Lang que ele tinha demitido Moltzer como sua assistente e rompido todos os vínculos com ela. Ela o tinha acu-

---

198 Atas do Clube Psicológico. Arquivos do Clube Psicológico.
199 Sarah Barker, "The Club problem", documentos de Katz, CLM, p. 1.
200 Ibid., p. 2.
201 Moltzer a Bowditch Katz, 1º de agosto de 1918, documentos de Katz, CLM.

sado de explorá-la e de não reconhecer a independência dela. Ele, por sua vez, sentia que ela não era capaz de tratá-lo como alguém à altura dela e sempre o via como um garotinho. Evidentemente, ele tinha seguido o conselho de sua alma em relação à branca.[202] A ruptura de Jung com Moltzer foi um ponto de virada significativo. Mais tarde, contou a Aniela Jaffé: "Não posso dizer que as tensões se dissiparam quando mostrei a porta à mulher holandesa, que queria sugerir que aquilo que eu estava fazendo era arte e, em segundo lugar, quando comecei a entender os desenhos das mandalas".[203]

Foi durante esse período que Jung teve uma ideia viva do Si-mesmo pela primeira vez. Ele relatou a Aniela Jaffé: "Ela está de acordo com a estrutura microcósmica da alma e me parecia ser semelhante à mônada que sou e que é o meu mundo. A mandala representa esse Si-mesmo".[204] Ele não sabia para onde esse processo levaria, mas ele começou a compreender que a mandala representava a meta desse processo: "Foi apenas quando comecei a desenhar as mandalas que vi que todos os caminhos que eu seguia, que todos os passos que tomava, voltavam para esse ponto, isto é, para o centro. A mandala se tornou a expressão de todos os caminhos".[205]

Moltzer continuou a viver e trabalhar em Zollikerberg e manteve sua amizade com Lang. Anos depois, houve a tentativa de uma reaproximação. Lang e Moltzer convidaram Jung para uma reunião. Jung agradeceu a Lang pelo convite, mas o recusou: "Sei que é possível olhar para trás com arrependimentos ou certo anseio para aqueles tempos inconscientes que estavam grávidos com

---

202 Propriedade privada, Stephen Martin.

203 *MP*, p. 172.

204 *MP*, p. 173. As fontes imediatas às quais Jung recorreu para seu conceito do Si-mesmo parecem ser a concepção Atman/Brâman no hinduísmo, que ele discutiu em *Tipos psicológicos*, e determinadas passagens em *Assim falava Zaratustra*, de Nietzsche, onde se lê: "<u>O Si-mesmo também busca com os olhos do sentido, também ouve com os ouvidos do espírito</u>. O Si-mesmo está sempre ouvindo e buscando; ele compara, subjuga, conquista, destrói. Ele governa e também é o senhor do Eu. Por trás de teus pensamentos e sentimentos, meu irmão, há um <u>comandante poderoso</u>, um sábio <u>desconhecido</u> – ele se chama Si-mesmo" (*Thus Spoke Zaratustra*. Harmondsworth: Penguin, 1984, seção I, p. 62). A passagem é grifada como no exemplar de Jung. Já também linhas e pontos de exclamação à margem. Ao comentar sobre essa passagem em 1935, em seu seminário sobre *Zaratustra*, Jung disse: "Eu já estava muito interessado no conceito do Si-mesmo, mas não tinha certeza como deveria entendê-lo. Eu fiz minhas marcas quando me deparei com essa passagem, e elas me pareceram muito importantes [...]. O conceito do Si-mesmo continuou a se sugerir a mim [...]. Eu pensava que Nietzsche estava se referindo a um tipo de 'coisa em si mesma' por trás do fenômeno psicológico [...]. Então, vi também que ele estava produzindo um conceito do Si-mesmo que era como o conceito oriental; é uma ideia Atman" (*ZS*, vol. I, p. 391).

205 Ibid.

o futuro. Mas, desde então, aqueles tempos têm dado à luz, as cobertas foram rasgadas e novas realidades vieram a ser cuja imediaticidade não me permite olhar para trás. Nada do passado pode ser trazido de volta a não ser que renasça numa vida criativa".[206]

Aprofundamentos

Existem indícios de que Jung discutiu o material de suas autoexperimentações com colegas. Em março de 1918, ele escreveu a Lang, que tinha lhe enviado algumas de suas próprias fantasias:

> como você mesmo tem observado, é muito importante experimentar os conteúdos do inconsciente antes de formar qualquer opinião sobre eles. Concordo totalmente com você de que devemos lutar com o conteúdo de conhecimento do gnosticismo e neoplatonismo. Esses são os sistemas que contêm os materiais destinados a se tornarem o fundamento de uma teoria do inconsciente. Eu mesmo venho trabalhando nisso há algum tempo e também tive amplas oportunidades para comparar minhas experiências pelo menos parcialmente com aquelas de outras pessoas. Por isso fico muito satisfeito em ouvir praticamente as mesmas opiniões de você. Estou feliz por você ter descoberto por conta própria essa área de trabalho, que está esperando para ser assumida. Até agora, faltavam-me quaisquer cooperadores, e fico feliz por seu desejo de unir suas forças às minhas.
>
> Considero muito importante você extrair seu próprio material do inconsciente de modo imparcial, com o maior cuidado possível. Meu próprio material é muito volumoso, muito complicado, e, em parte, eu o processei a ponto de esclarecimentos quase completos e muito vívidos. Mas o que falta é material moderno com o qual possa ser comparado. *Zaratustra* foi composto de modo consciente demais. Meyrink retoca o material de maneira estética; além do mais, sinto que ele carece de sinceridade religiosa.[207]

---

206 Jung a Lang, 10 de outubro de 1923 (propriedade privada, Stephen Martin).
207 Propriedade privada, Stephen Martin.

Durante esse período, Jung continuou a transcrever o *Esboço* para o *Líber Novus* e a acrescentar pinturas. Após 1918, as fantasias nos *Livros Negros* se tornaram mais intermitentes. O *Esboço* das duas primeiras seções do *Líber Novus* tinha contido fantasias de outubro de 1913 a fevereiro de 1914. No inverno de 1917, Jung escreveu um novo manuscrito chamado *Aprofundamentos*, que começou onde ele tinha parado. Aqui ele transcreveu fantasias de abril de 1914 a junho de 1916.[208] Ele incluiu os *Sermones*, agora com comentários de Filêmon sobre cada um. Filêmon indicou que seu ensinamento compensava o que faltava aos mortos, fornecendo precisamente aquelas concepções que eles precisavam.[209] Em *Aprofundamentos* não há uma divisão nítida entre a primeira camada de fantasias e uma segunda camada de comentários, e o texto não é formalmente dividido em capítulos distintos. Aqui e ali, Jung acrescentou algumas passagens ligando as fantasias a parágrafos que retratam seu entendimento subsequente de seu significado.

A percepção da importância do Si-mesmo é retratada em *Aprofundamentos*. Em 18 de setembro de 1915, Jung escreveu: "Através da união com o Si-mesmo, alcançamos o Deus".[210] No outono de 1917, acrescentou: "Isto devo dizê-lo, não apelando à opinião dos antigos. Nem desse ou daquele, mas porque eu assim o experimentei".[211] Essa experiência inabalável era nada menos do que a experiência de Deus: "O Si-mesmo não é Deus, mas através do Si-mesmo temos Deus".[212] Ele percebeu que devia servir ao Si-mesmo e que esse serviço era também serviço a Deus e à humanidade. Ao mesmo tempo, precisava libertar seu Si-mesmo de Deus, já que "o Deus que eu experimentei é mais do que amor, ele é também ódio; mais do que beleza, ele é também horror; mais do que sabedoria, ele é também insensatez; mais do que poder, ele é também impotência; mais do que onipresença, ele é também minha criatura".[213] Essa descrição da experiência de Deus de Jung corresponde à visão de Abraxas nos *Sermones*. A percepção da importância do Si-mesmo para Jung não era apenas uma questão conceitual, mas também experiencial. Jung teve algumas experiências poderosas: em 27 de

---

208 Na página 23 do manuscrito há uma data: "27/11/17". Provavelmente, isso indica que o texto foi escrito no fim de 1917 após as experiências das mandalas em Château-d'Oex.
209 *LN*, p. 457ss.
210 *Lívro 5*, p. 239.
211 *LN*, p. 423.
212 *Lívro 5*, p. 239.
213 *LN*, p. 425-426.

junho de 1917, escreveu a Emma Jung que, três dias antes, ele esteve em Pointe de Cray (uma montanha ao noroeste de Château-d'Oex). "Era um dia glorioso. No pico, tive um sentimento maravilhoso e extático. Na noite passada, tive uma experiência mística das mais notáveis, um sentimento de conexão de muitos milênios. Era como uma transfiguração. É provável que, hoje, eu desça novamente ao inferno por isso. Quero agarrar-me a você, pois você é meu centro, um símbolo do humano, uma proteção contra todos os demônios".[214] Essa carta ressalta a centralidade de Emma Jung em sua vida.

Em *Aprofundamentos*, Jung percebeu que a parte anterior do livro (*Líber Prímus* e *Líber Secundus*) lhe tinha sido dada por Filêmon.[215] Isso representava uma desidentificação: havia um homem profético velho e sábio dentro dele, alguém que não era idêntico a ele.[216] Uma tarefa crítica do "processamento" das fantasias por Jung consistia na diferenciação das vozes e personagens. Seguem alguns exemplos: nos *Lívros Negros*, é o "eu" de Jung que dirige os *Sermones* aos mortos; em *Aprofundamentos*, não é Jung, mas Filêmon. Nos *Lívros Negros*, a figura principal do "eu" de Jung dialoga com sua alma; em algumas seções de *Líber Novus*, é a serpente ou o pássaro. Em uma conversa em janeiro de 1916, sua alma lhe explica que, quando o superior e o inferior não são unidos, ela se divide em três partes — uma serpente, a alma humana e o pássaro ou a alma celestial, que visita os Deuses. Assim, as revisões de Jung, onde ele agora diferencia a alma como serpente, alma humana e pássaro, podem ser vistas como reflexo de seu entendimento dessa natureza tripartida de sua alma.[217]

---

214 *JFA*. Essa declaração está totalmente em acordo com os comentários de Jung sobre ela em seu diário adolescente em agosto de 1899: "E.R. Estou apaixonado; amo aquele anseio inquisitivo que Swedenborg descreve tão maravilhosamente: a expectativa do outro Si-mesmo, a união que se prepara para tempos celestiais e eternos. Ela pensa em mim? Ela sabe? É possível que eu tenha me iludido? Ela não é a destinada? Não posso acreditar que meu sentimento tenha me iludido. Deve ser ela [...]. E.R. Nas sombras escuras das árvores, nas salas claras da natureza ensolarada, vejo apenas ela, a mulher doce em sua figura familiar, em seu vestido alegre com as fitas vermelhas, ela, que é tão intimamente semelhante à minha alma. Ela sabe? Ela sente meu amor, independentemente da extensão do espaço que separa?" (*JFA*). A referência é à concepção de Swedenborg do amor conjugal. Jung tinha emprestado o livro de Swedenborg sobre esse tema da biblioteca da Universidade de Basileia em 18 de outubro de 1898.

215 *LN*, p. 426.

216 Em 17 de janeiro de 1918, Jung escreveu a J.B. Lang: "O trabalho sobre o inconsciente deve acontecer primeiramente e sobretudo para *nós mesmos*. Nossos pacientes se beneficiam dele indiretamente. O perigo consiste na ilusão do profeta, que, muitas vezes, é o resultado de lidar com o inconsciente. *É o díabo* que diz: Desdenhe toda razão e ciência, os poderes mais altos da humanidade. Isso nunca é apropriado, mesmo que sejamos obrigados a reconhecer (a existência do) irracional" (propriedade privada, Stephen Martin). A referência é à declaração de Mefistófeles em *Fausto*, I, II. 1.851ss.

217 *Lívro 5*, p. 270.

Novos aprofundamentos

As fantasias de Jung não terminaram com *Aprofundamentos*. Se ele tivesse continuado a preparar outra seção para publicação, é provável que ele as editasse de modo semelhante, como *Novos aprofundamentos*, acrescentando parágrafos vinculadores e esclarecimentos. Enquanto continuava a interrogar sua alma, buscando conhecimento e entendimento dela, ela caracterizou suas limitações e a necessidade que ele tinha dela da seguinte maneira: "Só posso compreender para ti aquilo que já tens, mas não sabes. O além do qual eu trago conhecimento para ti é teu além. Eu consigo compreender o que tu tens. Mas tu não — por isso precisas de mim".[218] As fantasias subsequentes giram em torno de temas já enunciados anteriormente, mas em espirais cada vez mais profundas.

Vemos nas fantasias após *Aprofundamentos* uma diferenciação continuada da cosmologia de Jung. Emergem novos personagens, como Fanes, Atmavictu, Ha, Ka, o pássaro preto, um jovem árabe divino, o espírito da gravidade e Wotan. Personagens que tinham aparecido antes retornam, como Elias, Salomé e Filêmon. No entanto, juntamente com o desenvolvimento do "eu" de Jung, eles também se desenvolveram. Esses registros retratam a metamorfose desses personagens e o entendimento cada vez mais profundo de Jung de sua inter-relação numa genealogia mutável complexa (e não completamente consistente). A figura de Atmavictu, por exemplo, passou por uma série de encarnações, como homem velho, urso, lontra, salamandra, serpente e, então, simultaneamente como homem e serpente da terra. Ele foi Izdubar e se tornou Filêmon. O mago negro, Ha, era pai de Filêmon. Ka era pai de Salomé e também irmão do Buda. Ka era a sombra de Filêmon. Filêmon se identificou também como Elias e Khidr e alegou que se tornaria Fanes. Na forma dos conceitos psicológicos emergentes de Jung, todas essas figuras seriam vistas como aspectos do Si-mesmo. Como tais, essas seções podem ser vistas como o núcleo experiencial do entendimento de Jung das estruturas do Si-mesmo que ele exploraria décadas mais tarde no capítulo 14 de *Aion: Estudo sobre o simbolismo do Si-mesmo* (1951).[219]

Um tema importante com o qual Jung se preocupava era encontrar a relação correta com os poderes superiores, os Deuses, e entender o papel da humani-

---

218 28 de setembro de 1916, *Livro 6*, p. 259.
219 OC 9/2.

dade em relação a eles. Ele veio a reconhecer que era de importância crítica não se entregar aos Deuses, mas manter sua própria perspectiva humana. Em 1º de março de 1918, sua alma lhe informou que era necessário manter simultaneamente um respeito e um desprezo pelos Deuses e que isso começava com respeito e desdém por si mesmo.[220] Isso era crítico não só para a humanidade; Jung percebeu agora que "o ser humano seria o mediador no processo de transformação do Deus".[221] Era uma percepção cardeal e é o centro de sua obra posterior intitulada *Resposta a Jó*. Próximo ao fim de sua vida, num capítulo de *Memórias* intitulado "Últimos pensamentos", ele formulou isso da seguinte forma:

> É esse o sentido do "serviço de Deus", isto é, do serviço que o homem pode prestar a Deus, para que a luz nasça das trevas, para que o criador tome consciência de sua criação; e que o ser humano tome consciência de si mesmo./Tal é a meta, ou uma das metas, que integra do ser humano na criação de uma maneira sensata e que, ao mesmo tempo, confere um sentido a ela. Foi esse mito explicativo que cresceu em mim no decorrer de decênios.[222]

É possível rastrear o início e o desenvolvimento desse "mito explicativo" nos *Lívros Negros*.

Durante o mesmo período, Jung continuou a destilar suas fantasias num vocabulário psicológico adequado para um público médico-científico. Assim, vemos dois movimentos paralelos: uma elaboração e diferenciação continuada de sua cosmologia acompanhada de um processo de condensação de sua psicologia. Em seu artigo "Sobre os aspectos psicológicos da figura da Core" (1941), a observação de produtos do inconsciente revelou certas regularidades, tipos de situações e tipos de figuras que retornavam frequentemente.[223] As figuras principais eram a sombra, o velho homem sábio, a criança, a mãe, a jovem menina e anima e animus. No que diz respeito a isso, ele estava tentando determinar com precisão, pelo estabelecimento de conexões entre seu próprio material, o material de seus pacientes e o registro histórico, quais eram esses aspectos típicos. Ver e entender tais fantasias dessa forma em vez de contemplá-las de modo desconexo, episódico e serial deu-lhe ordem e coerência. Para Jung, elas retra-

---

220 *Lívro 7*, p. 177.
221 Ibid., p. 179.
222 *Memórias*, p. 333.
223 OC 9/1, § 309.

tavam a narrativa da transformação e autocura que ele chamava o processo de individuação.

De um lado, Jung elaborou sua iconografia visual pessoal, sua própria cosmologia e mitologia, e encorajou seus pacientes a fazerem o mesmo. De outro, desenvolveu um sistema hermenêutico que permitia interpretar essa linguagem simbólica. Quando lidos em conjunto com suas obras psicológicas publicadas, os *Livros Negros* nos permitem seguir o desenvolvimento conjunto dessas duas linguagens.

Durante esse período, Jung continuou a transcrever o texto de *Liber Novus* para o volume caligráfico e a pintar nele. No entanto, após a sequência que retrata a regeneração de Izdubar,[224] as pinturas deixam de apresentar qualquer relação com o texto de *Liber Novus*, mas estão vinculadas a outras fantasias nos *Livros Negros*. Após a sequência de mandalas de 1917, temos mais ou menos 21 imagens importantes no volume caligráfico. Ao mesmo tempo, Jung fez também uma série de pinturas e gravuras independentes.[225] Essas imagens são imaginações ativas autônomas. Às vezes, retratam e se referem a personagens e episódios nas fantasias simultâneas nos *Livros* 6 e 7. Outras vezes, formam elos na sequência. Apesar de se encontrarem no volume caligráfico do *Liber Novus*, elas estão diretamente relacionadas e acompanham o texto dos *Livros* 6 e 7.

O caminho para o Si-mesmo

Em 1918, Jung escreveu um artigo intitulado "Sobre o inconsciente". Ele observou que todos nós nos encontramos entre dois mundos: o mundo da percepção externa e o mundo da percepção do inconsciente. Isso retrata sua experiência naquele tempo. Escreveu que Schiller tinha alegado que a aproximação desses dois mundos ocorria por meio da arte. Jung, porém, argumentou: "A meu ver, a união da verdade racional com a verdade irracional deve ser encontrada não tanto na arte, mas muito mais no símbolo".[226] Argumentou que símbolos provinham do inconsciente, e a criação de símbolos era a função mais importante do inconsciente. Enquanto a função compensatória do inconsciente estava sempre presente, a função criadora de símbolos estava presente

---

224 Volume caligráfico do *LN*, p. 44-64.
225 Cf. *A arte de C.G. Jung.*
226 OC 10/3, § 24.

72 [v. I]

apenas quando estivéssemos dispostos a reconhecê-la. Aqui, vemos como ele continua a evitar ver suas produções como arte. Não era a arte, eram os símbolos que eram de suprema importância. O reconhecimento e a recuperação desse poder criador de símbolos são retratados no *Liber Novus*. Retrata a tentativa de Jung de entender a natureza psicológica do simbolismo e de ver suas fantasias simbolicamente. Ele concluiu que o que era inconsciente em qualquer época era apenas relativo e mudava. O que se fazia necessário agora era a "reformulação de nossa visão do mundo, em consonância com os conteúdos ativos do inconsciente".[227] Assim, a tarefa que ele estava enfrentando era a de traduzir as concepções adquiridas por meio de seu confronto com sua alma e expressas de maneira literária e simbólica no *Liber Novus* para uma linguagem compatível com a perspectiva contemporânea do espírito dos tempos.

No ano seguinte, ele apresentou um artigo na Inglaterra diante da Society for Psychical Research sobre "Os fundamentos psicológicos da crença nos espíritos".[228] Aqui, ele diferenciou entre duas situações em que o inconsciente coletivo se torna ativo. Na primeira, um indivíduo experimenta uma crise e o colapso de suas esperanças e expectativas. Na segunda, ocorre um período de grande revolta social, política ou religiosa. Em tais momentos, tudo que tenha sido suprimido por atitudes prevalecentes se acumula necessariamente no inconsciente coletivo. Indivíduos fortemente intuitivos se conscientizam daquilo que tem sido suprimido e tentam traduzir o material para ideias comunicáveis. Se forem bem-sucedidos, os resultados são salutares. Em todo caso, os conteúdos do inconsciente têm um efeito perturbador. Se permanecerem suprimidos, existe, segundo Jung, o perigo de que o inconsciente coletivo substitua a realidade, o que é patológico. Se, porém, o inconsciente coletivo for ativado como resultado de processos coletivos, o indivíduo poderá sentir-se desorientado, mas o estado não é patológico.

A diferenciação de Jung entre essas duas possibilidades sugere que ele via seu próprio confronto com o inconsciente como um caso da segunda categoria — isto é, como ativação do inconsciente coletivo devido a uma revolta cultural geral. Seu medo inicial de uma insanidade iminente em 1913 tinha suas raízes em seu erro de não perceber essa distinção na época.

---

227 Ibid., § 48.
228 OC 8/2, § 570ss.

Durante todo esse período, Jung esteve empenhado numa pesquisa histórica sobre o problema dos tipos. A partir de 1916, ele fez apresentações sobre o tema diante da Associação de Psicologia Analítica e do Clube Psicológico. Essas foram desenvolvidas e expandidas em *Tipos Psicológicos*, obra publicada em 1921 e amplamente aplaudida. A edição em inglês foi publicada em 1923 e recebeu muitas críticas positivas.[229]

No que diz respeito à revisão de termos de *Líber Novus*, a seção mais importante em *Tipos Psicológicos* foi o capítulo 5, "O problema dos tipos na arte poética". A questão básica discutida era como o problema dos opostos podia ser revolvido pela produção do símbolo unificador ou reconciliador. O capítulo apresenta uma ampla visão histórica da questão. Jung ofereceu uma análise detalhada da resolução do problema dos opostos no hinduísmo, taoismo, em Mestre Eckhart e, no final do século XIX e no início do século XX, na obra de Carl Spitteler. Esse capítulo pode também ser lido em termos de uma meditação sobre algumas das fontes históricas que alimentaram diretamente as concepções de Jung no *Líber Novus*. Finalmente, anunciou a introdução de um método importante. Em vez de discutir diretamente a questão da reconciliação de opostos no *Líber Novus*, ele identificou analogias históricas e as comentou.

Em 1921, o Si-mesmo emergiu como um conceito psicológico. Jung o definiu da seguinte forma:

> Enquanto o eu for apenas o centro do meu campo consciente, não é idêntico ao todo de minha psique, mas apenas um complexo entre outros complexos. Por isso, distingo entre *eu* e *Si-mesmo*. O eu é o sujeito apenas de minha consciência, mas o Si-mesmo é o sujeito do meu todo, também da psique inconsciente. Neste sentido, o Si-mesmo seria uma grandeza (ideal) que encerraria dentro dele o eu. O Si-mesmo gosta de aparecer na fantasia inconsciente como personalidade superior ou ideal, assim como, por exemplo, o Fausto, de Goethe, e o Zaratustra, de Nietzsche.[230]

Ele igualou a noção hindu de Brâman/Atman com o Si-mesmo. Ao mesmo tempo, forneceu uma definição da alma. Argumentou que a alma possuía qualidades complementares à persona e, nesse sentido, possuía o que faltava à ati-

---

229 Sobre a recepção de *Tipos Psicológicos*, cf. SHAMDASANI, S. *Jung and the Making of Modern Psychology*. Cambridge: Cambridge University Press, 2003, p. 83-87 e 334-338.
230 OC 6, § 796.

tude consciente. O caráter complementar da alma também afetava seu caráter sexual: um homem tinha uma alma feminina, ou anima, e uma mulher tinha uma alma masculina, ou animus.[231] Isso correspondia ao fato de que homens e mulheres tinham traços tanto masculinos quanto femininos. Observou também que a alma produzia imagens que a perspectiva racional considerava sem valor. Havia quatro maneiras de usá-las:

> A primeira possibilidade de utilização é a *artística*, quando alguém domina esta forma de expressão, uma segunda possibilidade é a especulação *filosófica*, uma terceira é a especulação quase *religiosa* que leva à heresia e à constituição de seitas; uma quarta possibilidade é o emprego das forças imanentes nas imagens para cometer excessos de toda forma.[232]

Sob essa perspectiva, a utilização psicológica dessas imagens representaria uma "quinta maneira". Para ser bem-sucedida, a psicologia devia distinguir-se claramente da arte, da filosofia e da religião. Isso indica as várias possibilidades rejeitadas por Jung.

Em termos de publicações, os anos seguintes foram alguns dos mais quietos na carreira de Jung. Ele contribuiu para um simpósio na British Psychological Society, "A questão do valor terapêutico da 'ab-reação'", em 1921;[233] 1922 testemunhou a publicação de uma palestra feita na Sociedade para a Língua e Literatura Alemã em Zurique, "Sobre a relação da psicologia analítica com obras de arte literárias".[234] Não houve publicações novas em 1923 e 1924.

Viagens[235]

Em 1920, ele acompanhou seu amigo Hermann Sigg[236] numa viagem de negócios para o norte da África. Sua intenção era "muitas vezes ver, de fora,

---

231 Ibid., § 884-885.
232 Ibid., § 468.
233 OC 16/2.
234 OC 15.
235 Sobre as viagens de Jung para a Inglaterra em 1920 e 1923 e viagens posteriores, cf. NOEL, D. "Soul and Earth: Traveling with Jung Toward an Archetypal Ecology". In: *Quadrant*, 24, 1991, p. 56-73. Sobre as viagens de Jung para a África e Novo México, cf. *Jung and the Making of Modern Psychology*, p. 316ss. Sobre a viagem de Jung para a África, cf. BURLESON, B. *Jung in Africa*. Nova York: Continuum, 2005.
236 Cf. *Livro 7*, nota 252.

o europeu refletido num meio estrangeiro, sob todos os pontos de vista".[237] Ele defendia que a única maneira de obter um entendimento de suas próprias peculiaridades nacionais era conscientizando-se de como os outros as viam. Por isso, viajar era uma passagem para a etnopsicologia comparativa. Em vista de seu entendimento das camadas históricas do inconsciente coletivo, suas viagens geográficas eram uma forma filogenética de viagem no tempo.

A África deixou uma impressão profunda nele: significou encontrar o passado histórico como um presente vivo. Em março, ele escreveu a Emil Medtner: "O mais misterioso aqui são as noites da lua crescente que atravessa o céu escuro e limpo da África em clareza prateada indescritível. O símbolo dos túmulos púnicos de Cartago ☽, a própria Astarte, se aproximou de mim quando vi a lua descer lentamente sobre as copas das palmeiras pela primeira vez. Vim para cá por necessidade interior, já preparado pelo inconsciente, um ato simbólico de maior estilo, mesmo assim, o significado ainda é obscuro".[238] Jung sentiu que as pessoas que conheceu tinham uma intensidade que faltava aos europeus e pela qual ele acreditava ter sido psiquicamente contaminado.[239] Enquanto estava em Túnis, ele teve um sonho poderoso:

> Na noite anterior ao nosso embarque para Marselha tive um sonho que, segundo meu sentimento, representava a súmula dessa experiência; era o que eu desejava; estava habituado a viver sempre, simultaneamente, em dois planos: um, consciente, que queria compreender – e não o conseguia – e o outro, inconsciente, que desejava se exprimir – e só o fazia mediante o sonho.
>
> Sonhei que me encontrava numa cidade árabe; havia, como na maior parte dessas cidades, um forte, a casbá. A cidade se achava numa vasta planície, completamente cercada por um muro. Seu plano era quadrado, com quatro portas.
>
> A casbá no interior da cidade – o que não é usual nessas regiões — era cercada por um fosso largo, cheio de água. Eu estava diante de uma ponte de madeira que atravessava a água e conduzia a uma porta sombria em forma de ferradura. Ela estava aberta. Desejoso de ver o interior do forte, transpus a

---

237 *Memórias*, p. 241.
238 In: LJUNGGREN, M. *The Russian Mephisto*: A Study of the Life of Emilii Medtner. Estocolmo: Almqvist & Wiksell International, 1994, p. 215. Cf. tb. a carta de Jung a Emma Jung em 15 de março de 1920 (*Memórias*, p. 363).
239 *Memórias*, p. 244.

ponte. Quando me encontrava mais ou menos no meio dela, veio em minha direção, pela porta, um belo árabe de albornoz branco, porte elegante, pele escura, quase real. Sabia que esse jovem efebo era o príncipe residente. No momento em que se aproximou de mim, me atacou, tentando lançar-me ao chão. Lutamos. Durante o combate, fomos de encontro à balaustrada, que cedeu, e caímos no fosso; ele tentou mergulhar minha cabeça na água para afogar-me. "Não", disse eu, "isso já é demais!" Então mergulhei a cabeça dele na água. Consegui fazê-lo, pois embora sentisse uma grande admiração por ele, não estava disposto a morrer. Não tinha a intenção de matá-lo, mas apenas de fazê-lo perder a consciência, tornando-o incapaz de lutar.

Depois, o cenário do sonho mudou: o jovem árabe encontrava-se comigo no meio do forte, numa grande sala octogonal, com o teto em forma de abóbada. O recinto era inteiramente branco, muito simples, e impressionante. Ao longo das paredes de mármore claro havia sofás; diante de mim, no chão, havia um livro aberto com letras negras, belíssimas, traçadas no pergaminho branco como leite. Não era escrita árabe; parecia muito mais com a escrita oiguri, do Turquestão ocidental, que eu conhecia através de fragmentos maniqueus de Turfa. Não conhecia seu conteúdo, mas sentia, entretanto, que era o meu livro, que eu o havia escrito. O jovem príncipe, com quem acabara de lutar, estava sentado no chão, à minha direita. Expliquei-lhe que era preciso, agora que o vencera, ler o livro. Ele se negava. Abracei-o e o obriguei afinal, com bondade paternal e com paciência, a lê-lo. Sabia que isso era indispensável, e ele acabou por concordar.[240]

Em retrospectiva, Jung fez a seguinte reflexão sobre esse sonho:

O jovem árabe é um sósia do árabe altivo que passara a cavalo, perto de nós, sem saudar-nos. Habitante da casbá, é uma representação do si mesmo, ou melhor, um mensageiro enviado do si mesmo. Pois a casbá, de onde vinha, é uma mandala perfeita: fortim cercado de um muro quadrado, com quatro portas. Seu desejo de me eliminar é uma reprodução do motivo da luta entre Jacó e o Anjo: ele é – para falar a linguagem da Bíblia – como que o anjo do Senhor, mensageiro de Deus, que quer matar o homem porque não o conhece.

---

240 Ibid., p. 244-245.

Na verdade, o anjo deveria ter em mim sua morada. Mas, ignorando tudo acerca do homem, só conhece a verdade "angélica". Esse é o motivo pelo qual aparece primeiramente como meu inimigo. Entretanto, eu me afirmo frente a ele. Na segunda parte do sonho, sou o senhor do fortim; ele está sentado a meus pés e é preciso que aprenda a conhecer meus pensamentos e, ao mesmo tempo, o homem.

Meu encontro com a civilização árabe me havia impressionado profundamente.[241]

Encontro com Wotan

O sonho continuou a ecoar em Jung e, dois anos após seu retorno para a Europa, ele reencontraria a figura numa fantasia de 6 de janeiro de 1922.[242] Sua alma viu e descreveu a figura e informou ao seu "eu" que a figura era de um Deus e que Jung voltaria a ouvir a respeito dele. O Deus precisava ouvir dele, caso contrário, nenhum dos dois poderia viver. Sua alma informou seu "eu" que ele alcançaria o Deus novamente pela solidão, em combinação com a reverência pelo sol, pela lua e pela terra, que representavam o masculino, o feminino e o corpo, respectivamente.

Um ano mais tarde, quando Jung estava em Castagnola, a figura voltou mais uma vez.[243] Ele estivera com os mortos e tinha visto os mortos de Jung: seus cachorros e seu pai. Afirmou que era um andarilho que mudava a forma em que aparecia. No entanto, ele queria saber quem ele realmente era, e pediu que o "eu" de Jung lhe dissesse isso, pois isso o libertaria.

No dia seguinte, o "eu" de Jung interrogou sua alma sobre ele.[244] Ela deu a entender que, na primeira vez em que o viu, ele era de uma beleza aterrorizante, como Dioniso. Na segunda ocasião, ostentava uma palidez mortal. O "eu" de Jung se perguntou se era o Si-mesmo, o pleroma, o que levou à pergunta de como ele podia aparecer em forma humana. Além disso, não conseguia enten-

---

241 Ibid., p. 245-246.
242 *Livro 7*, p. 210ss.
243 Ibid., 2-3 de janeiro de 1923, p. 223.
244 Ibid., p. 225.

der por que ele queria ser superado e determinado. Dois dias depois, a figura retornou, dessa vez como um caçador de barba ruiva, coberto de peles de animais.[245] A figura repetiu sua pergunta, pedindo que o "eu" de Jung lhe dissesse quem ele realmente era. O "eu" respondeu que ele era um Deus. No que dizia respeito a por que ele o derrotara no sonho três anos antes, o "eu" pensou que era porque o Deus não podia permanecer num estado de ignorância, mas devia aprender sabedoria.

Duas noites depois, ele reapareceu, dessa vez, como um garoto púbere doente que tinha assumido a forma do filho de Jung.[246] O garoto sofria de exantema e buscava tratamento. A doença tinha surgido de um sonho. O garoto estivera vestindo uma pele de lobo suja e caçando com cães. Ele quisera brincar com um filhote de urso e pegou sua doença da pele de lobo. O "eu" de Jung informou ao garoto que este não era um lobo comum, mas um lobo-espírito que trazia doença e que este não era um sonho comum, mas algo que realmente tinha ocorrido. O garoto tinha sido seu próprio pai, o "barba-ruiva caçador de lobos e homens".

Anos depois, ao lembrar-se de seu encontro com essa figura e, descrevendo-o como um sonho, Jung observou: "De repente, eu soube: o Caçador Selvagem tinha lhe dado a ordem de levar uma alma humana". Alguns dias depois, recebeu a notícia de que sua mãe tinha morrido. Ele percebeu que "era Wotan, o Deus dos meus ancestrais germânicos, que reunia minha mãe a seus antepassados, isto é, negativamente, às hordas selvagens e, positivamente, aos mortos bem-aventurados".[247]

---

245 Ibid., p. 227.

246 Ibid., p. 229.

247 *Memórias*, p. 310. Esse não foi o primeiro encontro de Jung com Wotan, o Deus da tempestade. Num esboço de sua biografia de Jung, Lucy Heyer narrou o evento: "Essa passagem amigável e suavemente temperada foi atingida por uma tempestade catastrófica severa, um evento natural raro nesse nível de ferocidade, quando a criança estava sendo levada para o batismo na igreja. A jovem mãe, que tinha dado à luz em casa, estava ansiosa para que a criança atravessasse seguramente a ferocidade e o eclipse. A família se esqueceu desse evento até, 15 anos depois, o garoto escrever um poema que descrevia uma tempestade catastrófica. Ele o dedicou à sua mãe, e foi apenas então que ela se lembrou de que modo ameaçador o Deus da tempestade tinha acompanhado o batismo de seu primogênito naquele dia do batismo no final do verão de 1875. Quando Jung relatou esse poema e a reação da mãe, ele percebeu que ele, frequentemente, tivera inspirações como esse poema, conteúdos alheios ao seu consciente, que correspondiam a um evento objetivo e se impunham e buscam expressão. Aquele poema da tempestade, que, durante muito tempo, estivera em posse da mãe, infelizmente se perdeu mais tarde" (documentos de Lucy Heyer Grote, arquivos da Universidade de Basileia, "Biographie von Carl Gustav Jung", "Kindheit", p. 1). Sobre a biografia dela, cf. SHAMDASANI, S. *Jung Stripped Bare by His Biographers; Even*. Londres: Karnac, 2005.

O encontro de Jung com Wotan repercutiria em seus escritos e moldou seu entendimento da revolta social e política que ocorria na Alemanha da década de 1930. Em 1936, ele a atribuiu à reativação do arquétipo de Wotan.[248] A presença dessa figura não se limitava à Alemanha, mas era um "fenômeno internacional".[249] O retorno de Wotan no presente era um fenômeno que ele tinha experimentado direta e pessoalmente. Como evidência adicional para sua hipótese, ele se referiu à elevação de Dioniso por Nietzsche, alegando que evidências biográficas sugeriam que o Deus que ele realmente tinha em mente era primo de Dioniso – ou seja, Wotan. Essa parte da argumentação de Jung, que exerceu um papel crítico em seu entendimento de Nietzsche e em sua leitura do *Assim falava Zaratustra* em seus seminários da década de 1930, foi claramente moldada por seu próprio encontro com essa figura. Num seminário em fevereiro de 1936, Jung descreveu os atributos de Wotan da seguinte forma:

> Ele é o Deus dos oráculos, do conhecimento secreto, da feitiçaria, e ele é também o equivalente de Hermes psicopompo. E vocês lembram que, como Osíris, ele só tem um olho; o outro olho é sacrificado ao submundo. Portanto, é um símbolo perfeitamente adequado para o nosso mundo moderno em que o inconsciente realmente se manifesta como um rio e nos força a voltar um olho para dentro, para que possamos nos adaptar também àquele lado; sentimos agora que o maior inimigo está nos ameaçando, não externa, mas internamente. Assim, por conta de todas as suas qualidades, Wotan expressa o espírito do tempo em uma medida que é misteriosa e cuja sabedoria e conhecimento são realmente selvagens – é a sabedoria da natureza. Wotan não é o Deus de seres civilizados, mas uma condição da natureza.[250]

---

248 OC 10/2. Sobre e interseção do entendimento de Jung de Nietzsche, Wotan e eventos contemporâneos, cf. LIEBSCHER, M. *Libido und Wille zur Macht*: C.G. Jungs Auseinandersetzung mit Nietzsche. Basileia: Schwabe, 2012, p. 102-110. • DOHE, C. "Wotan and the 'Archetypal Ergriffenheit': Mystical Union, National Spiritual Rebirth and Culture-Creating Capacity in C.G. Jung's 'Wotan' Essay". In: *History of European Ideas*, 37, 2011, p. 344-356.

249 ZS, p. 871.

250 Ibid., p. 869.

A psicologia do processo criador de religião

Em 5 de janeiro de 1922, Jung teve uma conversa com sua alma sobre sua vocação. Ela o encorajou a publicar seu material, pois era "uma questão de revelação". Ele devia servir ao seu chamado, que era "a nova religião e sua proclamação".[251] Ele recuou diante disso. Três dias depois, sua alma o informou que a nova religião

> se expressa visivelmente apenas na transformação de relacionamentos humanos. Relacionamentos não permitem que sejam substituídos nem mesmo pelo conhecimento ~~humano~~ mais profundo. Além do mais, uma religião não consiste apenas em conhecimento; mas, em seu nível visível, numa nova ordenação dos assuntos humanos. Portanto, não espera conhecimento adicional de mim. Tu sabes tudo que deves saber da revelação oferecida a ti, mas ainda não estás vivendo tudo que deve ser vivido atualmente.[252]

O "eu" de Jung respondeu: "Posso entender e aceitar isso. No entanto, como, exatamente, o conhecimento pode ser implementado na vida ainda é obscuro para mim. Deves ensinar-me isso". Sua alma disse: "Não tenho muito a dizer sobre isso. Não ocorre de modo tão racional quanto tendes a imaginar. O caminho é simbólico".[253]

Durante esse período, um número cada vez maior de pessoas da Inglaterra e da América do Norte estava vindo para Zurique para trabalhar com Jung, formando um grupo informal de expatriados. Em 22 de agosto de 1922, Jaime de Angulo escreveu a Chauncey Goodrich, lançando "um desafio a todos os irmãos neuróticos — ide, meus irmãos, ide a Meca, estou falando de Zurique, e bebei da fonte da vida, todos vós que estais mortos em vossa alma, ide e buscai vida nova".[254]

Em 1922, Jung escreveu um artigo sobre a relação da psicologia analítica com obras literárias. Ele diferenciou dois tipos de obras: o primeiro que resultava completamente da intenção do autor, e o segundo que se apoderava do autor. Exemplos do segundo tipo eram o *Zaratustra*, de Nietzsche, e a segunda

---

251 *Livro 7*, p. 210.
252 Ibid., p. 214-215.
253 Ibid., p. 215.
254 Goodrich Papers, Bancroft Library, University of California em São Francisco.

parte de *Fausto*, de Goethe. Ele defendia que essas obras provinham do inconsciente coletivo. Em tais casos, o processo criativo consistia na ativação inconsciente de uma imagem arquetípica. Os arquétipos liberavam em nós uma voz que era mais forte do que a nossa própria:

> Quem fala por meio de imagens primordiais, fala como se tivesse mil vozes; comove e subjuga, elevando simultaneamente aquilo que qualifica de único e efêmero na esfera do contínuo devir, eleva o destino pessoal ao destino da humanidade e com isto também solta em nós todas aquelas forças benéficas que desde sempre possibilitaram a humanidade salvar-se de todos os perigos e também sobreviver à mais longa noite.[255]

Artistas que produziam tais obras educavam o espírito da época e compensavam a unilateralidade do presente. Ao descrever a gênese dessas obras simbólicas, parece que Jung teve em mente suas próprias atividades. Assim, ao mesmo tempo em que ele se recusava a ver o *Liber Novus* como arte, suas reflexões sobre sua composição serviam como fonte crítica para suas subsequentes concepções e teorias da arte. A pergunta implícita levantada por seu artigo era se a psicologia podia agora servir à função de educar o espírito da época e de compensar a unilateralidade do presente. A partir desse período, Jung veio a se convencer da tarefa de sua psicologia exatamente dessa maneira.[256]

Em 25 de novembro de 1922, Jung, Emma Jung e Toni Wolff saíram do Clube.[257] Em julho de 1923, Jung realizou uma série de seminários em Polzeath, na Cornualha, Inglaterra. O Clube de Psicologia Analítica em Londres tinha sido fundado no ano anterior. O seminário foi organizado por Peter Baynes e Esther Harding, e 29 pessoas participaram.[258] Jung fez uma dúzia de palestras em duas semanas. O seminário tinha dois temas principais: a técnica de análise e os efeitos psicológicos históricos do cristianismo.

Durante esse período, os temas da psicologia da religião e a relação entre religião e psicologia se tornaram cada vez mais proeminentes no trabalho de Jung. Ele tentou desenvolver uma psicologia do processo criador de religião.

---

255 OC 15, § 129.

256 Em 1930, Jung desdobrou esse tema e descreveu o primeiro tipo de obras como "psicológicas" e o segundo tipo como "visionárias" ("Psicologia e poesia", OC 15).

257 Cf. SHAMDASANI, S. *Cult Fictions*: C.G. Jung and the Founding of Analytical Psychology.

258 HANNAH, B. *Jung*: His Life and Work: A Biographical Memoir. Nova York: Putnam, 1976, p. 149.

Seu interesse não estava em proclamar uma nova revelação profética, mas na psicologia de experiências religiosas. A tarefa era retratar a tradução e transposição da experiência numinosa de indivíduos para símbolos e, eventualmente, para dogmas e credos de religiões organizadas e, finalmente, estudar a função psicológica de tais símbolos. Para que tal psicologia do processo criador de religião pudesse ter sucesso, era essencial que a psicologia analítica, ao mesmo tempo em que fornecia uma afirmação da atitude religiosa, não sucumbisse à tentação de se tornar um credo.[259] Em Polzeath, ele estabeleceu uma distinção nítida entre o ensinamento de Cristo e o cristianismo eclesiástico. Argumentou que as atitudes do segundo tinham levado à exclusão psicológica e à repressão do mundo da natureza e da carne, do animal, do homem inferior e da fantasia criativa e da liberdade. Consequentemente, essas questões estavam consteladas no inconsciente, e nós estávamos confrontados com o retorno do reprimido.

Já no fim do seminário, Jung refletiu sobre o tema da "Igreja invisível". Enquanto Cristo fora uma chama que incendiou a maior parte do mundo, esse fogo tinha sido apagado pela institucionalização da Igreja. Argumentou que tal processo era inevitável e que o mesmo destino aguardava a análise. Refletindo sobre isso, observou:

> Em torno de Eckhart cresceu um grupo de Irmãos do Espírito Livre, que viviam libertinamente. O problema que enfrentamos é este: a psicologia analítica se encontra no mesmo barco? A segunda geração é semelhante aos Irmãos do Espírito Livre? Se este for o caso, será o caminho direto para o inferno, e a psicologia analítica veio cedo demais e terá que esperar um século ou dois.[260]

Experiências religiosas levavam a novas formas de relação pessoal. Jung observou que "nenhum indivíduo pode existir sem relacionamentos individuais, e

---

259 Cf. HEISIG, J. *Imago Dei*: A Study of Jung's Psychology of Religion. Lewisburg: Bucknell University Press, 1979. • LAMMERS, A. *In God's Shadow*: The Collaboration between Victor White and C.G. Jung. Nova York: Paulist, 1994. • IAGHER, M. *Theorizing Experience*: Psychology and the Quest for a Science of Religion (1896-1936). Londres: University College, 2016 [tese de doutorado]. Cf. tb. SHAMDASANI, S. "Is Analytical Psychology a Religion?". In: *Status Nascendi* – Journal of Analytical Psychology, 44, 1999, p. 539-545.

260 *Seminar – July 1923 by Dr. C.G. Jung Held at Polzeath, Cornwall*. Notes of Esther Harding, Kristine Mann Library, Nova York, p. 20.

é assim que o fundamento da nossa Igreja é estabelecido".[261] Esta, então, era a tarefa que a psicologia analítica enfrentava: formar uma Igreja invisível, sem sucumbir à institucionalização. Jung reunia aqui também a noção do *Liber Novus* de que "o Ungido dessa época" era um Deus que apareceria no espírito, não na carne − "através do espírito do ser humano na condição de útero concebedor".[262] Como sua alma tinha lhe explicado no ano anterior, essa nova religião se manifestaria por meio de relações humanas transformadas.[263] Evidentemente, as relações de Jung com sua esposa e Toni Wolff, o "experimentum crucis", estavam relacionadas a isso. Décadas mais tarde, ele escreveria: "O ser humano que não se liga a outro não tem totalidade, pois esta só é alcançada pela alma, e esta, por sua vez, não pode existir sem seu outro lado que sempre se encontra no 'tu'".[264] A individuação exigia relacionamento consciente.

Após o seminário de Polzeath, Cary de Angulo escreveu um artigo sobre "Relacionamentos individuais". Ela começou observando:

> Nas duas ou três últimas sessões da nossa escola de verão em Polzeath, discutimos a possível contribuição a ser feita pela psicologia analítica para a "igreja" do futuro. Com essa palavra "igreja" de mau presságio, nós nos referíamos à forma inevitável que será assumida pelas ideias de hoje que tendem em direção a uma nova síntese de experiência subjetiva [...]. A contribuição especial da análise era imaginada como a construção dos tipos corretos de relacionamentos, tanto individuais quanto coletivos, e a visão de um futuro em que cada um alcançasse a autoexpressão plena por meio de relacionamentos, em vez de esquivar-se deles limitado por mil medos, era muito sedutora.[265]

Na visão dela, para que houvesse relacionamentos reais, um nível mais alto de consciência do que até então era necessário, e era a tarefa da psicologia analítica facilitá-lo. Ela propôs um simpósio por escrito sobre o tema e circulou seu artigo. Emma Jung escreveu uma resposta, indicando que ela concordava em essência, mas acreditava que atenção adicional devia ser dada às "complicações

---

261 *Notes on the Seminar in Analytical Psychology Conducted by Dr. C.G. Jung*, Polzeath, Inglaterra, 14-27 de julho de 1923, org. por membros da turma, p. 82, *JA*.
262 *LN*, p. 313.
263 *Livro 7*, p. 214.
264 *A psicologia da transferência*, 1946, OC 16/2, § 454. Jung dedicou esse livro à sua esposa.
265 ANGULO, C. "Individual Relationships", p. 1, *CFB*.

que surgem quando os princípios devem vir à vida".[266] Ela destacou a necessidade de um máximo de consciência, igualdade mútua e candura, descrevendo a inconsciência como "único pecado". Disse que o valor de um relacionamento podia ser medido pela "capacidade de manifestar e viver a individualidade das pessoas envolvidas".[267] Para Jung e seu círculo mais íntimo, tais questões eram existenciais, bem como teóricas.

Em 30 de abril de 1923, Eugen Schlegel, um advogado e membro do Clube, sugeriu que o Clube tentasse envolver Jung novamente. Mais tarde naquele ano, seguiu uma correspondência entre Jung e Alphonse Maeder nesse sentido. A posição de Jung era que ele retornaria apenas se sua colaboração fosse desejada clara e unanimemente. Houve uma discussão acalorada no Clube.[268] Em fevereiro de 1924, Hans Trüb se demitiu como presidente, e uma carta foi enviada a Jung pedindo seu retorno, o que ele fez um mês mais tarde.[269]

Em maio de 1924, Jung apresentou uma série de três palestras sobre "Psicologia analítica e educação" em Londres, sob os auspícios da New Education Fellowship (NEF).[270] A sociedade fora fundada por Beatrice Ensor, uma educadora teosófica que conhecera Jung no ano anterior na conferência organizada pela NEF sobre "Educação para serviço criativo", em Montreux, onde ele tinha discursado.

Nos meados da década de 1920, a publicação do *Líber Novus* parece ter sido um dos assuntos principais na mente de Jung. No início de 1924, ele pediu que Cary Baynes fizesse uma transcrição nova do texto e discutiu a publicação. Ela anotou em seu diário:

> Você disse então que eu devia copiar os conteúdos do *Livro Vermelho* — uma vez antes você mandara copiá-lo, mas depois acrescentou uma porção de materiais, e então você quis que ele fosse copiado novamente, e você me explicaria as coisas à medida que eu prosseguisse, porque você entendia quase tudo nele, você disse. Dessa forma, poderíamos chegar a discutir muitas coisas que

---

266 Emma Jung, ibid., *CFB*.
267 Ibid.
268 Cf. minha introdução a *Seminários de psicologia analítica*, p. 15.
269 Atas do Clube Psicológico, Zurique.
270 *Times Educational Supplement*, 3, 10 e 17 de maio de 1924.

nunca afloraram em minha análise e eu poderia entender suas ideias a partir do fundamento.[271]

Jung discutiu a forma que a publicação poderia assumir com seu colega Wolfgang Stockmayer.[272] Ele retornou para o *Esboço corrigido* e o revisou novamente, excluindo e acrescentando material em mais ou menos 250 páginas. Suas revisões serviam para modernizar a linguagem e a terminologia.[273] Revisou também partes daquilo que ele já tinha transcrito para o volume caligráfico de *Liber Novus*, e também material que tinha sido excluído.

Novo México

Em janeiro de 1925, Jung visitou os índios pueblo em Taos, no Novo México. Ele pensava que, quando estivera no Saara, tinha conhecido uma civilização cujo relacionamento com a civilização ocidental era semelhante ao que havia entre a Antiguidade romana e a Época Moderna. Isso o levou a querer continuar a comparação histórica "descendo a um nível cultural menos evoluído".[274] Na década de 1920, muitos artistas e escritores foram para o Novo México após reconhecerem a falência da civilização norte-americana. Os índios eram vistos como pessoas que tinham mantido sua integridade cultural e estavam enraizadas em comunidades com tradições vivas. Assim, os índios eram considerados uma fonte de renovação para a cultura branca.[275]

A visita de Jung foi organizada por Jaime de Angulo, um linguista, etnólogo, etnomusicólogo, escritor e padroeiro da geração beat. Em dezembro de 1924, Jung visitou a América do Norte.[276] Pouco tempo após a viagem, Jaime de Angulo escreveu a Mabel Dodge sobre como ele conseguiu levar Jung para Taos e sobre o que aconteceu em seguida:

---

271 26 de janeiro de 1924, reproduzido em minha edição *Liber Novus* – The Red Book of C.G. Jung (*LN*, p. 213).
272 Ibid., p. 214ss.
273 P. ex., substituindo *"Geist der Zeit"* por *"Zeitgeist"* e *"Vordenken"* por *"Idee"*.
274 *Memórias*, p. 248.
275 RUDNICK, L. *Mabel Dodge Luhan*: New Woman, New Worlds. Albuquerque: University of New Mexico Press, 1984, p. 144.
276 Cf. McGUIRE, W. "Jung in America, 1924-1925". In: *Spring*: A Journal of Archetype and Culture, 1978, p. 370-453.

Eu tinha decidido que, se necessário, eu o sequestraria e o levaria para Taos [...]. Para ele, foi uma revelação, a coisa toda. É claro que eu tinha preparado Mountain Lake. Ele e Jung se entenderam imediatamente e tiveram uma longa conversa sobre religião. Jung disse que eu estava perfeitamente correto em tudo que tinha intuído sobre a condição psicológica deles. Disse que, toda noite, "tive a sensação extraordinária de que estava conversando com um sacerdote egípcio do século XV antes de Cristo".[277]

Duas coisas parecem ter deixado uma impressão profunda em Jung. A primeira foi a visão de Mountain Lake do homem branco:

[Eu perguntei por que ele achava que todos os brancos eram loucos.]
Respondeu-me: − Eles dizem que pensam com sua cabeça.
− Mas naturalmente! Com o que pensa você? − perguntei admirado.
− Nós pensamos aqui − disse ele, indicando o coração.
Caí numa profunda reflexão. Pela primeira vez na minha vida alguém me dera uma imagem do verdadeiro homem branco.[278]

A segunda foi o papel do sol na religião e cosmologia dos pueblo: "Apontando-o, ele me disse: 'Então não é nosso Pai, aquele que se ergue no céu? Como negá-lo? Como poderia existir um outro Deus? Nada pode existir sem o Sol!"[279] Mountain Lake acrescentou: "somos os filhos de nosso Pai, o Sol, e graças à nossa religião ajudamos diariamente nosso Pai a atravessar o céu. Agimos assim, não só por nós mesmos, mas pelo mundo inteiro. Se cessássemos nossas práticas religiosas, em dez anos o Sol não se ergueria mais".[280]

Jung ficou impressionado ao encontrar um monoteísmo solar. Para ele, isso parecia corresponder a uma disposição espiritual milenar. Por contraste, a inserção mítica e cosmológica dos índios pueblo nos mostrava precisamente o que tínhamos perdido, assim acreditava, e a nossa pobreza espiritual. Sobre o índio pueblo, ele disse: "Tal homem se encontra, no sentido pleno da palavra, em seu lugar".[281] A mitologia solar exerce um papel significativo nos *Livros Negros*. É provável que Jung tenha se lembrado de seu sonho de orar ao sol em seu encontro

---

277 16 de janeiro de 1925, documentos de Dodge, Beinecke Library, Yale University.
278 *Memórias*, p. 250.
279 Ibid., p. 252.
280 Ibid., p. 253.
281 Ibid., p. 254.

com Amônio, o anseio de Izdubar pelo sol e sua regeneração por meio da transformação em sol e o papel de Hélios, o Deus-sol, nos *Septem Sermones*.[282]

O seminário de 1925

Em 1925, Peter Baynes elaborou uma tradução para o inglês dos *Septem Sermones ad Mortuos*. Ela foi publicada privadamente por Watkins na Inglaterra; Jung não foi identificado como autor. Jung deu exemplares a alguns de seus alunos de língua inglesa. Numa carta que, provavelmente, é uma resposta a uma carta de Henry Murray, na qual ele agradece pelo exemplar, Jung escreveu:

> Estou profundamente convencido de que aquelas ideias que vieram a mim são realmente coisas bastante maravilhosas. Posso dizer isso facilmente (sem enrubescer), porque sei o quanto eu resistia e era obstinado quando me visitaram pela primeira vez e que dificuldade foi até eu conseguir ler essa linguagem simbólica, tão superior à minha mente consciente entorpecida.[283]

É possível que, para Jung, a publicação dos *Sermones* tenha sido um "teste" para a publicação do *Líber Novus*. Há indícios de que ele era ambivalente em relação à publicação dos *Sermones*. Barbara Hannah afirma que ele se arrependeu de publicá-los e que "ele sentia fortemente que eles deveriam ter sido escritos apenas no Livro Vermelho".[284]

Enquanto estava empenhada em sua transcrição do *Líber Novus*, Cary Baynes encorajou Jung a realizar um seminário sobre a obra.[285] Não sabemos se isso ocorreu. No entanto, é provável que as discussões desse período contribuíram para a sua decisão de falar abertamente em público pela primeira vez sobre sua autoexperimentação e sobre algumas das fantasias nos *Livros Negros*.

No final de 1924 e no início de 1925, ele realizou uma série de seminários em alemão no Clube Psicológico sobre a psicologia dos sonhos.[286] Depois

---

282 *Livro 3*, p. 107, 120-122.; *Livro 5*, p. 214-216.

283 2 de maio de 1925, documentos de Murray, Houghton Library, Harvard University, original em inglês. Michael Fordham lembrou ter recebido um exemplar de Peter Baynes quando tinha alcançado um estágio adequadamente "avançado" em sua análise e após ter jurado manter sigilo (comunicação pessoal, 1991).

284 *C.G. Jung*: His Life and Work, p. 121.

285 5 de junho de 1924, *CFB*.

286 1º de novembro e 8 de dezembro de 1924; 21 de fevereiro e 23 de maio de 1925 (Jahresbericht des Psychologischen Clubs Zürich, 1925).

disso, realizou uma série extensa de seminários em inglês sob o título "Psicologia analítica". Apesar de serem realizados no Clube Psicológico, eles não eram formalmente "seminários do Clube". Dos 52 membros e três convidados do Clube em 1925, apenas uns poucos participaram deles. Houve uma continuidade maior entre aqueles que participaram dos seminários em Polzeath e estes. Assim, houve uma divisão entre os membros locais do Clube, que tinha readmitido Jung apenas recentemente, e o público mais internacional de seus seminários em língua inglesa. Nos anos seguintes, este público exerceria o papel dominante na disseminação de seu trabalho.

Surpreendentemente, Jung começou seu seminário oferecendo um relato do desenvolvimento de seus conceitos desde o tempo em que começou a se interessar pelos "problemas do inconsciente".[287] Falou sobre seu desenvolvimento intelectual e sua colaboração com Freud, apresentando então um relato detalhado de sua autoexperimentação, com foco no período inicial de outubro a dezembro de 1913. Sua discussão de forma alguma repete seu comentário sobre ela na segunda camada do *Líber Novus* e pode ser considerada uma terceira camada de comentário. A linguagem lírica e evocativa da segunda camada do *Líber Novus* foi substituída aqui por seus conceitos psicológicos que, como disse, ele tinha derivado de suas reflexões sobre esses encontros. Observou de modo revelador: "Tomei todo o meu material empírico de meus pacientes, mas a solução do problema eu a deduzi a partir do interior, a partir de minhas observações dos processos inconscientes".[288] Ao mesmo tempo, sua apresentação servia a uma função pedagógica. O público era composto principalmente de pessoas com as quais ele estava trabalhando, e podemos supor que a prática da imaginação ativa exercia uma parte central em seu trabalho. Assim, estava efetivamente usando seu próprio material como exemplo de instrução, mostrando como sua tipologia psicológica pessoal era retratada e se manifestava em suas fantasias, como ele encontrava e chegava a um acordo com as figuras da anima e do velho sábio e com a gênese da função transcendente como uma resolução do conflito de opostos. Além disso, parte significativa da discussão no seminário girou em torno de arte moderna e como ela podia ser entendida psicologicamente. A questão de situar sua própria obra criativa parece ter estado no fundo da mente de Jung.

---

287 *Seminários de psicologia analítica*, p. 43.
288 Ibid., p. 74.

Algumas semanas após a conclusão desse seminário em 6 de julho, Jung foi para a Inglaterra para realizar outra série de seminários em língua inglesa em Swanage, Dorset, entre 25 de julho e 7 de agosto. Novamente, o seminário havia sido organizado por Peter Baynes e Esther Harding. O tema era a análise de sonhos, e houve mais ou menos cem participantes.[289] Jung começou apresentando uma história da interpretação dos sonhos; depois, fez uma análise de uma série de sonhos que uma viúva de 53 anos de idade tinha lhe contado.

África

Dada a perspectiva filogenética de Jung, uma viagem para a África, considerada a fonte da humanidade, tinha um significado especial. Além do mais, o deserto era uma das localidades imaginais centrais nos *Livros Negros*. Dessa vez, Jung viajou com H.G. Baynes e George Beckwith. Seu grupo recebeu o nome de "expedição psicológica Bugishu". Mais tarde, Ruth Bailey, uma inglesa, se juntou a eles. A viagem levou Jung a entender que "desde a origem, uma nostalgia de luz e um desejo inesgotável de sair das trevas primitivas habitam a alma [...]. A nostalgia da luz é a nostalgia da consciência".[290] A própria viagem tornou-se para ele uma *imitatio* das supostas origens da consciência. Sobre sua viagem no Nilo, ele disse:

> O mito de Hórus é a história da luz divina que acaba de nascer. Esse mito foi expresso, depois da saída das trevas originais dos tempos pré-históricos, mediante a revelação, pela primeira vez, da salvação do homem pela cultura — isto é, pela consciência. Assim, a viagem do interior da África para o Egito tornou-se, para mim, como que o drama do nascimento da luz, estreitamente ligado a mim mesmo e à minha psicologia.[291]

Nas fantasias de Jung de 1922, a mitologia egípcia tinha exercido um papel significativo na formulação do papel e das tarefas que ele, sua esposa e Toni Wolff deviam cumprir.[292] Ele forneceu indícios adicionais da conexão entre

---

289 HANNAH, B. *Jung: His Life and Work*, p. 166; Anotações de Esther Harding do seminário, Kristine Mann Library, Nova York.
290 *Memórias*, p. 269-270.
291 Ibid., p. 274.
292 *Livro 7*, p. 213ss.

suas viagens e sua própria psicologia numa passagem omitida da versão publicada de *Memórias*:

Minhas experiências durante os anos 1913-1917 tinham pesado sobre mim com um emaranhado de problemas, cuja natureza exigia que eu estudasse a vida psíquica de não europeus. Pois eu suspeitava que as perguntas apresentadas a mim eram apenas tantas compensações por meus preconceitos europeus. O que eu tinha visto no norte da África e o que Ochwiay Biano [Mountain Lake] me disse foram as primeiras pistas para uma explicação adequada das minhas experiências.[293]

Assim, as viagens de Jung estavam diretamente vinculadas ao material dos *Livros Negros* e do *Liber Novus* e formavam parte de uma tentativa de entendê-lo, inserindo-o num contexto histórico e geográfico mais amplo.[294] Sua afirmação aqui indica que aquilo pelo qual ele passou poderia ser entendido também como uma deseuropeização. Extrapolando disso, a importância da exploração do inconsciente coletivo para os ocidentais poderia ser compreendida também sob essa perspectiva. A tarefa consistia em alcançar uma síntese equilibrada do ocidental e do primitivo.

Transformando a psicoterapia

Os *Livros Negros* e o *Liber Novus* são de importância crítica para compreender a emergência do novo modelo de psicoterapia de Jung. Em 1912, quando escreveu *Transformações e símbolos da libído*, ele considerou a presença de fantasias mitológicas — como as que se encontram nos *Livros Negros* — um sinal de um afrouxamento das camadas filogenéticas do inconsciente e indícios de uma esquizofrenia. Por meio de sua autoexperimentação, ele fez uma revisão radical de sua posição: o que ele considerava crítico agora não era a presença de qualquer conteúdo específico, mas a atitude do indivíduo em relação a ele e, especialmente, se o indivíduo conseguia acomodar tal material em sua visão do mundo. Isso explica por que ele comentou em seu posfácio ao *Liber Novus*

---

293 Datilografia editorial de *Memories, Dreams, Reflections*, CLM, p. 356.
294 Sobre a viagem de Jung para a Palestina e para o Egito em 1933, cf. JUNG, A. "Carl Jung and Hans Fierz in Palestine and Egypt: Journey from March 13 to April 6, 1933". In: SHALIT, E. & STEIN, M. *Turbulent Times, Creative Minds*: Erich Neumann and C.G. Jung in Relationship (1933-1960). Asheville: Chiron, 2016, p. 131-134.

que, para o observador superficial, a obra pareceria loucura e que poderia ter se transformado nisso se ele não tivesse conseguido conter e compreender as experiências.[295] Num registro de 17 de janeiro de 1914, ele apresentou uma crítica à psiquiatria contemporânea, destacando sua incapacidade de diferenciar a experiência religiosa ou loucura divina da psicopatologia.[296] Se o conteúdo de uma visão ou fantasia não tinha valor diagnóstico, ele acreditava que, mesmo assim, era crucial contemplá-lo com cuidado.

A partir de suas experiências, ele desenvolveu novas concepções dos objetivos e métodos da psicoterapia. Desde seu início e a ascensão de terapias hipnóticas e sugestivas no final do século XIX, a psicoterapia moderna tinha se preocupado primariamente com o tratamento de distúrbios nervosos funcionais, ou neuroses, como vieram a ser chamados. A partir da Primeira Guerra Mundial, Jung reformulou a prática da psicoterapia. Não mais preocupada exclusivamente com o tratamento de psicopatologias, ela se tornou uma prática para capacitar o desenvolvimento superior de um indivíduo pelo cultivo do processo de individuação. Isso teria consequências de longo alcance não só para o desenvolvimento da psicologia analítica, mas também para a psicoterapia como um todo.[297]

Jung tentou mostrar que os processos descritos nos *Livros Negros* e no *Liber Novus* não eram singulares e que as ideias que estava desenvolvendo podiam ser aplicadas a outros. A fim de estudar o que seus pacientes produziam, ele reuniu uma coleção extensa das pinturas deles. Ele costumava pedir que fizessem uma cópia de seu trabalho para ele para não ter que se separar de suas imagens.[298] Ele se surpreendeu com a semelhança entre alguns dos motivos das imaginações ativas de seus pacientes, o que o levou a considerar que as concepções às quais ele tinha chegado por meio do estudo de seu próprio material poderiam ser relevantes também para eles. Em 1929, descreveu seu objetivo como gerar "um estado psíquico, em que meu paciente comece a fazer experiências com seu

---

295 Cf. *LN*, p. 489.

296 *Livro 4*, p. 205-207.

297 Cf. SHAMDASANI, S. "From Neurosis to a New Cure of Souls: C.G. Jung's Remaking of the Psychotherapeutic Patient". In: DAVIES, M.P. & SHAMDASANI, S. (orgs). *Medical Humanity and Inhumanity in the German-Speaking World*. Londres: UCL Press, 2020.

298 Essas pinturas podem ser estudadas no arquivo de imagens do Instituto C.G. Jung, em Küsnacht. Cf. AMMANN, R.; KAST, V. & RIEDEL, I. (orgs). *Das Buch der Bilder*: Schätze aus dem Archiv des C.G. Jung Instituts. Zurique/Stuttgart/Ostfildern, Patmos, 2018.

ser".[299] Claramente, sua própria autoexperimentação e seus resultados serviram como modelo para essa prática terapêutica.

Durante esse período, ele continuou a instruir seus pacientes sobre como induzir visões num estado desperto. Em 1926, Christiana Morgan procurou Jung para fazer análise. Ela tinha lido *Tipos psicológicos* e pediu sua ajuda para os problemas de relacionamentos e depressão dela. Numa sessão em 1926, ela anotou o conselho de Jung para produzir visões:

> Veja bem, essas são vagas demais para que eu possa dizer muito sobre elas. Elas são apenas o começo. No início, você usa apenas a retina do olho a fim de objetivar. Então, em vez de continuar tentando forçar as imagens para fora, você simplesmente olha para dentro. Agora, quando você vê essas imagens, agarre-se a elas e veja para onde elas a levam — como elas mudam. E tente entrar você mesma na imagem — tornar-se um dos atores. Quando comecei a fazer isso, eu via paisagens. Então aprendi a colocar-me dentro da paisagem, e as figuras conversavam comigo, e eu lhes respondia [...]. As pessoas diziam que ele tem um temperamento artístico. Mas era apenas meu inconsciente que estava me persuadindo. Agora aprendo a agir seu drama tão bem quanto o drama da vida externa e assim nada pode machucar-me agora. Eu escrevi mil páginas de material do inconsciente. (Contou a visão de um gigante que se transformou num ovo.)[300]

Ele descreveu seus próprios experimentos em detalhe aos seus pacientes e os instruiu a fazer o mesmo. Seu papel era supervisioná-los na experimentação com seu próprio fluxo de imagens. Jung chegou até a sugerir que alguns de seus pacientes elaborassem seu próprio *Liber Novus*. Morgan anotou que ele disse:

> Devo aconselhá-la a anotar tudo tão lindamente quanto consegue — em algum livro lindamente encadernado. Parecerá que você está banalizando as visões — mas você deve fazer isso — então será liberta do poder delas. Se você fizer isso com esses olhos, por exemplo, eles deixarão de atraí-la. Jamais deve tentar fazer as visões retornarem. Pense nelas em sua imaginação e tente pintá-las. Quando essas coisas estiverem em algum livro precioso, você pode ir ao livro e virar as

---

299 "Os objetivos da psicoterapia", OC 16/1, § 99.

300 8 de julho de 1926, caderno de anotações da análise, *CLM*. A visão mencionada no fim está no *Livro 3*, p. 129ss.

páginas e para você será sua igreja – sua catedral – os lugares silenciosos de seu espírito, onde encontrará renovação. Se alguém lhe disser que isso é mórbido ou neurótico e você o ouvir – então você perderá sua alma – pois sua alma está naquele livro.

Numa carta a J.A. Gilbert de 1929, ele comentou seu procedimento:

Descobri que, às vezes, é uma grande ajuda, ao manusear um caso desse tipo, encorajá-los a expressar seus conteúdos específicos na forma de escrita ou de desenho e pintura. Existem tantas intuições incompreensíveis nesses casos, fragmentos de fantasia que surgem do inconsciente, para as quais quase não existe linguagem adequada. Deixo que meus pacientes encontrem suas próprias expressões simbólicas, sua "mitologia".[301]

O santuário de Fílêmon

Nos meados da década de 1920, a distinção entre seu livro de sonhos e os *Livros Negros* se tornou cada vez mais confusa, e encontramos mais anotações de sonhos nos *Livros Negros* nesse período. Eventualmente, o interesse de Jung se transferiu da transcrição do *Liber Novus* e da elaboração de sua mitologia nos *Livros Negros* para o trabalho em sua torre em Bollingen.

Em 1920, ele tinha adquirido um terreno na parte superior do Lago de Zurique, em Bollingen. Antes disso, ele e sua família costumavam passar as férias acampando no delta na extremidade superior do lago. Ele sentiu a necessidade de representar seus pensamentos mais íntimos em pedra e construir uma moradia completamente primitiva: "Bollingen foi muito importante para mim, pois palavras e papel não eram reais o bastante. Eu tive que registrar uma confissão em pedra".[302] A torre era uma "representação da individuação". Ao longo dos anos, ele pintou murais e fez entalhes nas paredes. A torre pode ser vista como uma continuação tridimensional do *Liber Novus*: seu "*Liber Quartus*". No final do *Liber Secundus*, Jung escreveu: "Tenho de recuperar um pedaço da Idade Média em mim. Mal terminamos a Idade Média – dos outros. Tenho

---

301 20 de dezembro de 1929, *JA*.
302 *MP*, p. 142.

de começar cedo, naquele tempo em que os eremitas desapareceram".[303] De modo significativo, a torre foi propositalmente construída como uma estrutura medieval, sem comodidades modernas. Era uma obra em evolução. Ele gravou uma inscrição na parede que dizia: "*Philemonis sacrum – Fausti poenitentia*" (Santuário de Filêmon – Penitência de Fausto). (Um dos murais na torre é um retrato de Filêmon.) Em 6 de abril de 1929, ele escreveu a Richard Wilhelm: "Por que não existem mosteiros no mundo todo para pessoas que gostariam de viver fora do tempo?"[304]

A integração da Anima

Um capítulo crítico na autoexperimentação de Jung foi aquilo que ele chamou a integração da *anima*. Toni Wolff via isso como um lado da história, pois envolvia também o processo pelo qual ela a tinha "introjetado". Em 1944, com referência a um sonho, ela observou que Jung tinha dado uma ênfase indevida ao nível subjetivo, "pois precisava realizar a *anima*; mas, por meio disso, ele me introjetou e tirou minha substância".[305]

Em 5 de janeiro de 1922, a alma de Jung deu o seguinte conselho: "Não deves adulterar, não o casamento comigo, nenhuma pessoa deve ocupar o meu lugar, muito menos Toni. Quero dominar sozinha".[306] No dia seguinte, acrescentou: "Deves deixar Toni partir, até ela se encontrar e deixar de ser um fardo para ti".[307] No dia seguinte, sua alma elucidou o significado simbólico das relações entre Jung, Emma Jung e Toni Wolff em termos da mitologia egípcia.[308]

Em 23-24 de dezembro de 1923, Jung teve o seguinte sonho:

Estou no serviço militar. Marchando com um batalhão. Numa floresta perto de Ossingen[309] encontro escavações numa encruzilhada: uma figura em pedra, de 1 metro

---

303 *LN*, p. 404.
304 *JA*.
305 WOLFF, T. *Diary N*, 3 de setembro de 1944, p. 5.
306 *Livro 7*, p. 210.
307 Ibid., p. 212.
308 Ibid., p. 213ss.
309 O município e a aldeia de Ossingen ficam no cantão de Zurique, entre Winterthur e Schaffhausen. Existem ali antiguidades romanas e uma mamoa medieval em Goldbuck, que fica no município.

de altura, de uma rã ou um sapo sem cabeça. Atrás dele está sentado um menino com cabeça de sapo. Depois o busto de um homem com uma âncora fincada na região do coração, estilo romano. Um segundo busto de 1640 aproximadamente, mesmo motivo. Depois cadáveres mumificados. Finalmente vem uma caleche em estilo do século XVII. Nela está sentada uma mulher morta, mas que ainda vive. Ela vira a cabeça quando me dirijo a ela chamando-a de "Senhorita"; sei que "Senhorita" é um título de nobreza.[310]

Alguns anos mais tarde, ele compreendeu o significado desse sonho. Em 4 de dezembro de 1926, anotou:

Só agora vejo que o sonho de 23/24 XII 1923 significa a morte da anima ("Ela não sabe que está morta"). Isto coincide com a morte de minha mãe [...]. Desde a morte de minha mãe a A. [Anima] se calou. Significativo![311]

Ele continuou a registrar alguns outros diálogos com sua alma, mas a essa altura seu confronto com a anima tinha efetivamente chegado a um fim.

Ao contrário de um casamento, Toni Wolff via seu relacionamento com Jung como uma "relação individual". Em 20 de dezembro de 1924, ela anotou: "O casamento é social, legal e psicologicamente aceito. Nada novo pode vir dali; ele só pode ser transformado, também individualmente, por meio de relacionamentos individuais. É por isso que o relacionamento individual é um símbolo da alma".[312] Em 13 de setembro de 1925, ela observou que seu relacionamento estava sob o "signo de Filêmon".[313] Em retrospectiva, ela refletiu sobre o papel que ela exerceu para ele:

O que C. alcançou agora, tudo se baseia em mim. Através da minha fé, amor, compreensão e lealdade, eu o guardei e o trouxe à luz. Eu fui seu espelho, como ele me disse já bem no início./Mas todo meu sentimento, fantasia, mente, energia, responsabilidade trabalhava para ele. Tenho um efeito — mas não tenho substância. Eu não soube "brincar". Eu lhe dei a vida dele. Agora, ele deveria dar-me a minha e ser um espelho para mim.[314]

---

310 *Livro 7*, p. 233.
311 Ibid., p. 234.
312 WOLFF, T. *Diary B*, p. 62.
313 WOLFF, T. *Diary C*, p. 90.
314 WOLFF, T. *Diary J*, 19 de outubro de 1936, p. 18.

Ela entendia esse espelhamento através de sua função médium em termos da tipologia do feminino que ela tinha desenvolvido: "Através do meu lado médium, sou como a forma oca de C., portanto, sempre quis ser preenchida por ele".[315] Durante esses anos, Wolff dependia extremamente de Jung. Em 10 de abril de 1926, ela anotou: "Tive um escorbuto psicológico devido à ausência de Jung. Vitamina C".[316] No dia seguinte, acrescentou outra analogia: "Comigo acontece o mesmo que com os Elgonyi: C. não é apenas vitamina. Também, quando estou com ele, o sol nascente é bom, relaxante, tudo que é destrutivo se foi. Quando estou sozinha, ele me corrói".[317] Ela tentou repetidamente, mas não conseguiu, ser mais independente dele. Ela sentia que a fama e o sucesso dele o estavam tirando dela cada vez mais e ela se ressentia de "suas obras, ideias, pacientes, palestras, E. [Emma], filhos".[318] Isso foi causa de amargura: "Novamente alguma resistência quando penso em como ele realizou todas as suas ideias famosas através do relacionamento comigo (o que ele admite apenas ocasionalmente) e como ele é famoso agora e que E. está com ele em vez de mim, e como nunca posso acompanhá-lo ali".[319] Um registro de 1937 afirma simplesmente: "Ariadne em Naxos",[320] implicitamente comparando sua situação com a de Ariadne, abandonada na Ilha de Naxos após guiar Teseu pelo labirinto.

Em dedicatórias de exemplares de seus livros, Jung reconheceu privadamente o envolvimento dela. O exemplar dela de *Tipos psicológicos* traz a dedicatória:

Como você sabe, este livro me veio daquele mundo que você me trouxe. Só você conhece a miséria da qual ele nasceu e em que espírito foi escrito. Eu o coloco em suas mãos como sinal de gratidão, que eu não posso expressar com palavras[321]

---

315 Ibid., 3 de maio de 1936, p. 30. Cf. WOLFF, T. "Structural Forms of the Feminine Psyche". In: *Psychological Perspectives*, 31, primavera-verão 1995, p. 77-90.
316 WOLFF, T. *Diary F*, p. 74.
317 Ibid., p. 75.
318 WOLFF, T. *Diary G*, 23 de fevereiro de 1928, p. 99.
319 Ibid., 21 de fevereiro de 1928, p. 95.
320 WOLFF, T. *Diary K*, 2 de novembro de 1937, p. 179.
321 Propriedade privada, Felix Naeff.

Semelhantemente, seu exemplar de *Psicologia e alquimia* (1944) traz uma dedicatória à *soror mystica* de Jung.[322] Em público, ele reconheceu seu papel ativo dela em todas as fases da psicologia analítica em sua introdução aos trabalhos reunidos de Wolff.[323]

A culminação

Em 2 de janeiro de 1927, Jung teve um sonho situado em Liverpool:

Estou com vários jovens suíços em Liverpool junto ao porto. É uma noite escura e chuvosa com fumaça e nevoeiro. Subimos para a parte alta da cidade, que fica num planalto. Chegamos a um jardim central junto a um pequeno lago redondo. No meio deste há uma ilha. Os homens falam de um suíço que mora aqui nesta cidade escura, suja e cheia de fuligem. Mas eu vejo que na ilha ergue-se uma magnólia coberta de flores vermelhas, iluminada por um eterno sol, e penso: "Agora sei por que este suíço mora aqui. Ele também sabe evidentemente". Vejo o plano da cidade.[324]

Então pintou uma mandala baseada nesse mapa. Ele atribuiu grande importância a esse sonho, comentando posteriormente:

O sonho ilustrava minha situação naquele momento. Vejo ainda as capas de chuva, de cor cinza – amareladas, brilhantes de umidade. Tudo era extremamente desagradável. Era assim que eu me sentia naquela época. Mas eu tinha uma visão interna dessa beleza celestial, e graças a ela é possível viver. Então vi: isso é conclusivo, essa é a meta. Não é possível ultrapassar o centro. O centro é a meta, e tudo se direciona para isso. Através disso reconheci que o Si-mesmo é um arquétipo de orientação e significado. O suíço é o eu. Ele vive numa das ruas imundas em uma das encruzilhadas. Ele é uma pequena réplica do centro. Eu sei que o eu não é o centro, não é o Si-mesmo, mas de lá tenho uma vista da maravilha divina. Eu certamente não vivia ali, mas vivia "excentricamente". A pequena luz apareceu para mim como a semelhança da grande luz: portanto, havia também ali algo no aspecto excêntrico que lembrava a

---

322 Propriedade privada, Stephen Martin.
323 "Prólogo aos 'Estudos sobre a psicologia de C.G. Jung', de Toni Wolff", 1959, OC 10/3, § 887.
324 *Livro 7*, p. 238.

visão original para mim. Depois desse sonho, desisti de pintar ou desenhar mandalas. Então entendi que não existia uma linha reta de desenvolvimento, mas que o desenvolvimento levava primeiro do baixo para o alto, para o alto da montanha. Esse é um desenvolvimento de linha reta. Mas, inicialmente, quando está no alto, você vê a grande extensão com o lago, a ilha e a árvore da luz nela [...]. Esse sonho descrevia o ápice de todo o processo de desenvolvimento inconsciente. Ele me satisfez completamente, pois expressava plenamente minha situação. Na época, eu era totalmente solitário. Eu sabia que me ocupava com algo bastante grande, mas que ninguém entendia. Esse esclarecimento através do sonho me permitiu contemplar objetivamente o que me preenchia. Para mim, a pequena luz lateral era o eu, era como uma lembrança da magnífica árvore no centro. Os outros não viam a árvore, apenas eu a via. Era como se o sol brilhasse ali, mas era também como se as flores tivessem um brilho próprio. Era como se essa árvore estivesse na luz do sol. Era dia claro ali e incrivelmente lindo. Onde estávamos era noite escura, fria e chuvosa. Na verdade, minha vida teria perdido seu sentido sem uma visão desse tipo. Mas o significado estava expresso ali.[325]

A percepção era que o Si-mesmo era a meta do processo da individuação. A progressão não era linear, mas envolvia uma circum-ambulação do Si-mesmo. Essa percepção lhe deu força, pois "sem ela, toda a experiência teria me levado à loucura ou teria levado outras pessoas à loucura".[326] Ele sentiu que os desenhos de mandalas lhe mostravam o Si-mesmo "em sua função salvadora" e que essa era a sua salvação. Agora, a tarefa era consolidar essas percepções em sua vida e ciência.

Em sua revisão de 1926 de *A psicologia dos processos inconscientes*, ele destacou a importância da transição no meio da vida. Ele argumentou que a primeira metade da vida podia ser caracterizada como a fase natural, em que o objetivo primário era estabelecer-se no mundo, ganhar a vida e criar uma família. A segunda metade, a fase cultural, envolvia uma reavaliação de valores anteriores. O objetivo desse período era conservar valores preciosos, reconhecendo ao mesmo tempo os seus opostos. Isso significava que os indivíduos deviam desenvolver os aspectos negligenciados e não desenvolvidos de

---

325 MP, p. 159-160.
326 Ibid., p. 173.

sua personalidade.[327] Agora, o processo de individuação era concebido como o padrão geral do desenvolvimento humano. Ele argumentou que havia uma carência de orientação para essa transição na sociedade contemporânea, e ele via sua psicologia como preenchendo essa lacuna. Fora da psicologia analítica, as formulações de Jung tiveram um impacto sobre o campo da psicologia do desenvolvimento adulto. Sua experiência de crise formava claramente o molde para essa concepção das tarefas das duas metades da vida. Os *Livros Negros* e o *Líber Novus* retratam sua reavaliação de valores anteriores e sua tentativa de desenvolver os aspectos negligenciados de sua personalidade. Assim formavam a base de seu entendimento de como a transição no meio da vida podia ser navegada com sucesso.

Em 1928, ele publicou, como já vimos, *As relações entre o eu e o inconsciente*. Era um livro pequeno, que expandia seu artigo "A estrutura do inconsciente", de 1916. Jung escreveu sobre o "drama interior" do processo de transformação. Ele desdobrou sua discussão anterior e acrescentou uma seção que lidava em detalhe com o processo da individuação. Observou que, após lidar com as fantasias da esfera pessoal, o indivíduo se deparava com fantasias da esfera impessoal. Essas não eram simplesmente arbitrárias, mas convergiam num objetivo. Por isso, essas fantasias posteriores podiam ser descritas como processos de iniciação. Para que esse processo ocorresse, uma participação ativa era necessária: "Quando a consciência desempenha uma parte ativa e experimenta cada estádio do processo [...] então a imagem seguinte sempre ascenderá a um estádio superior, constituindo-se assim finalidade da meta".[328]

Após a assimilação do inconsciente pessoal, da diferenciação da persona e da superação do estado de semelhança a Deus, o estágio seguinte era a integração da anima para os homens e do animus para as mulheres. Jung argumentava que, assim como é essencial que um homem diferencie entre o que ele era e como ele aparecia aos outros, era igualmente essencial conscientizar-se de "suas relações invisíveis com o inconsciente" e, portanto, diferenciar-se da anima. Observou que, quando a anima era inconsciente, ela era projetada. Ele estabeleceu a seguinte sequência no desenvolvimento da anima e de sua relação com a mãe do homem:

---

327 OC 7/1, § 114-117.
328 OC 7/2, § 386.

A primeira portadora da imagem da alma é sempre a mãe; depois, serão as mulheres que estimularem o sentimento do homem, quer seja no sentido positivo ou negativo. Sendo a mãe, como dissemos, a primeira portadora dessa imagem, separar-se dela é um assunto tão delicado como importante, e da maior significação pedagógica.[329]

Para um homem, a mãe "é a protetora contra os perigos que o ameaçam do fundo obscuro da alma".[330] Subsequentemente, a anima, na forma da imago da mãe, é transferida para a esposa: "a esposa deve se desincumbir do mágico papel de mãe. Sob o pretexto de um casamento idealmente exclusivo, o homem procura na realidade a proteção materna, colocando-se à mercê do instinto possessivo da mulher".[331] No fim das contas, o que se faz necessário é a "objetificação da anima". Um envolvimento e uma integração bem-sucedidos levaram à

conquista da anima como complexo autônomo e sua metamorfose numa função de relação entre o consciente e o inconsciente [...]. Mediante tal processo, a anima perde o poder demoníaco que caracteriza o complexo autônomo; isto é, perde seu poder de possessão, uma vez que foi despotenciada.[332]

A fim de alcançar essa despossessão, era preciso entrar num diálogo com ela e fazer perguntas através do diálogo interior ou da imaginação ativa. Todos, ele alegava, tinham essa capacidade de dialogar consigo mesmos. Assim a imaginação ativa seria uma forma de diálogo interior, um tipo de pensamento dramatizado. Era essencial desidentificar-se dos pensamentos que surgiam e superar as suposições de que eles haviam sido produzidos por si mesmos.[333] O que era supremamente essencial era não interpretar ou entender as fantasias, mas experimentá-las. Isso representava um desvio de seu artigo sobre a função transcendente, no qual ele tinha ressaltado a formulação e o entendimento criativos. Argumentou que era preciso tratar as fantasias de modo completamente literal enquanto o indivíduo estivesse envolvido nelas, mas de modo simbólico quando ele as interpretava.[334] Isso era uma descrição direta de seu procedimento nos *Livros Negros*. A tarefa de tais discussões era objetivar os efeitos da

---

329 Ibid., § 314.
330 Ibid., § 315.
331 Ibid., § 316.
332 Ibid., § 374.
333 Ibid., § 323.
334 Ibid., § 353.

anima e conscientizar-se do conteúdo subjacente enquanto eram integrados na consciência. Após fazer isso de modo bem-sucedido, a anima se tornava uma função do relacionamento entre a consciência e o inconsciente, viabilizando a comunicação entre os dois e não mais operando como um complexo autônomo. Esse processo da integração da anima era o tema do *Líber Novus* e dos *Livros Negros*. Isso destaca também o fato de que as fantasias aqui deviam ser lidas simbólica e não literalmente. Tirar afirmações delas do contexto e citá-las literalmente representaria um equívoco sério. Jung observou que esse processo tinha três efeitos:

> Em primeiro lugar, há uma ampliação da consciência, pois inúmeros conteúdos inconscientes são trazidos à consciência. Em segundo lugar, há uma diminuição gradual da influência dominante do inconsciente; em terceiro lugar, verifica-se uma *transformação da personalidade*.[335]

Após alcançar a integração da anima, o indivíduo se via confrontado com outra figura, a saber, a "personalidade-mana". Jung afirmava que, quando a anima perdia seu "mana" ou poder, o homem que a assimilou devia tê-lo adquirido e assim se tornado uma "personalidade-mana", um ser de vontade e sabedoria superiores. No entanto, essa figura era "uma *dominante* do inconsciente coletivo: o conhecido arquétipo do homem poderoso, sob a forma do herói, do cacique, do mago, do curandeiro e do santo, senhor dos homens e dos espíritos, amigo de Deus".[336] Assim, ao integrar a anima e alcançar seu poder, a pessoa se identificava inevitavelmente com a figura do mágico e enfrentava a tarefa de se diferenciar deste. Jung acrescentou que, para as mulheres, a figura correspondente era a da Grande Mãe. Se alguém abandonasse a pretensão de vitória sobre a anima, acabaria a possessão pela figura do mágico e ele perceberia que o mana pertencia realmente ao "ponto central da personalidade" – ou seja, o Si-mesmo. A assimilação dos conteúdos da personalidade-mana levava ao Si-mesmo. Sua descrição do encontro com a personalidade-mana, tanto a identificação como a subsequente desidentificação com ela, corresponde a seu encontro com Filêmon. Sobre o Si-mesmo, Jung escreveu: "O Si-mesmo também pode ser chamado 'o Deus em nós'. Os primórdios de toda nossa vida psíquica parecem surgir inex-

---

335 Ibid., § 358.
336 Ibid., § 377.

tricavelmente deste ponto e as metas mais altas e derradeiras parecem dirigir-se para ele".[337] A descrição que Jung faz do Si-mesmo comunica a importância de sua percepção após seu sonho de Liverpool:

> O *Si-mesmo* pode ser caracterizado como uma espécie de compensação do conflito entre o interior e o exterior [...] representa a meta da vida, sendo a expressão plena dessa combinação do destino a que damos o nome de indivíduo [...]. Sentindo o *Si-mesmo* como algo de irracional e indefinível, em relação ao qual o *eu* não se opõe nem se submete, mas simplesmente se liga, girando por assim dizer em torno dele como a terra em torno do sol – chegamos à meta da individuação.[338]

Na década de 1920, nos *Livros Negros*, encontramos as sombras da morte cada vez mais longas, a começar pelo luto de Jung pela morte da mãe, seguida pelas mortes precoces de amigos próximos (Hermann Sigg em 1927 e Hans Schmid em 1932) e pacientes (George Porter e Jerome Schloss em 1927).[339] Em um registro de 1929, Jung mencionou pensamentos referentes à morte de sua esposa e dele mesmo. O pai de Jung tinha morrido aos 54 anos de idade; em 1929, o próprio Jung alcançou essa idade. A proximidade da mortalidade trouxe consigo intimações de imortalidade. Naquele ano, escreveu em seu "Comentário sobre *O segredo da flor de ouro*" que, como médico, ele tentava "fortalecer a convicção de imortalidade", especialmente em pacientes mais velhos. A morte, ele argumentava, deveria ser vista como meta, não como fim, e designou a última parte da vida como "vida em direção à morte".[340] Dois anos mais tarde, em seu artigo "O ponto de virada da vida", ele desdobrou esse tema, caracterizando as transformações psicológicas da transição do meio da vida. Observou que a noção da vida após a morte era uma imagem primordial e que fazia sentido viver de acordo com isso. Visto da perspectiva do médico de almas, argumentou, fazia sentido ver a morte apenas como transição.[341] Três anos mais tarde, escreveu um artigo sobre "Alma e morte", caracterizando as religiões como sistemas de preparação para a morte. Argumentou que, em vista da alma coletiva da humanidade, a morte

---

337 Ibid., § 399.
338 Ibid., § 404-405.
339 *Livro 7*, p. 237, 245, 240.
340 OC 13, § 68.
341 "As etapas da vida humana", OC 8/2, § 794.

podia ser vista como cumprimento do sentido da vida. Crença numa vida após a morte era antropologicamente normativo, e era o materialismo secular que via a morte como mera cessação. De um ponto de vista histórico e intercultural, tratava-se de um desenvolvimento aberrante. A questão da morte se tornava especialmente aguda no meio da vida. A partir de então, "só aquele que se dispõe a morrer conserva a vitalidade, porque na hora secreta do meio-dia da vida se inverte a parábola e *nasce a morte*".[342] Os *Livros Negros* mapeiam como Jung negociou a "inversão da parábola". Vista sob essa perspectiva, sua transformação pessoal, sua individuação, foi uma preparação para a morte.

O confronto com o mundo

Em 1928, Jung pintou uma mandala de um castelo dourado no volume caligráfico de *Liber Novus*.[343] Ele percebeu que a mandala tinha características chinesas. Pouco tempo depois, Richard Wilhelm lhe enviou *O segredo da flor de ouro*, pedindo que Jung escrevesse um comentário sobre ele. Em 1921, Wilhelm tinha discursado sobre o *I Ching* no Clube Psicológico e, mais tarde, Jung o conheceu na Count Keyserling's School of Wisdom em Darmstadt. Jung se surpreendeu com o texto e o momento em que o recebera:

> o texto me fornecia uma confirmação inesperada no tocante às minhas reflexões sobre a mandala e à deambulação em torno do centro. Este foi o primeiro acontecimento que rompeu a minha solidão porque me revelou um parentesco que me dizia respeito.[344]

A importância disso se reflete nas linhas que escreveu abaixo da pintura do castelo amarelo.[345] Jung se surpreendeu com as correspondências entre as imagens e concepções desse texto e suas próprias pinturas e fantasias e com o destino que o tinha reunido com Wilhelm. Em 25 de maio de 1929, ele escreveu a Wilhelm: "O destino parece que nos deu o papel de dois pilares da ponte

---

342 "A alma e morte", OC 8/2, § 800.
343 Cf. apêndice, p. 161.
344 *Memórias*, p. 202.
345 "1928. Ao pintar este quadro, que mostra o castelo de ouro bem-armado, mandou-me Richard Wilhelm de Frankfurt o texto chinês, com mil anos de idade, sobre o castelo amarelo, germe do corpo imortal. *Ecclesia catholica et protestantes et seclusi in secreto. Aeon finitus*" (A Igreja Católica e os protestantes envoltos em segredo. O fim de um éon). Cf. apêndice, p. 160.

entre o Oriente e o Ocidente".[346] Foi apenas mais tarde que ele percebeu que a natureza alquímica do texto era importante.[347] Em 10 de setembro de 1929, escreveu a Wilhelm: "Estou tão entusiasmado com esse texto, que se aproxima tanto do nosso inconsciente".[348]

O comentário de Jung sobre *O segredo da flor de ouro* foi um ponto de virada. Foi sua primeira discussão pública da importância da mandala. Pela primeira vez, apresentou anonimamente três de suas próprias pinturas do *Liber Novus* como exemplos de mandalas europeias e comentou sobre elas.[349] Em 28 de outubro de 1929, escreveu a Wilhelm sobre as mandalas no volume: "as imagem amplificam umas às outras precisamente através de sua diversidade e oferecem uma imagem excelente do esforço do espírito europeu inconsciente de entender a escatologia oriental".[350] Essa conexão entre o "espírito europeu inconsciente" e a escatologia oriental se tornou um dos grandes temas do trabalho de Jung na década de 1930. Ele o explorou mais a fundo através de outras colaborações — como os indólogos Wilhelm Hauer e Heinrich Zimmer.[351] Ao mesmo tempo, a forma do trabalho foi crucial: em vez de revelar todos os detalhes de seu próprio experimento ou os experimentos de seus pacientes, Jung usou os paralelos com *O segredo da flor de ouro* como maneira indireta de falar sobre isso, semelhante ao que tinha começado a fazer no capítulo 5 de *Tipos psicológicos*. Esse método alegórico tornou-se agora sua forma preferida. Em vez de escrever diretamente sobre suas experiências, ele passou a comentar sobre desenvolvimentos análogos em práticas esotéricas, principalmente na alquimia medieval.

Pouco depois, Jung deixou repentinamente de trabalhar no *Liber Novus*. A última imagem de página inteira foi deixada inacabada e ele parou de transcrever o texto. Em 1932, parou de escrever nos *Livros Negros*. Mais tarde, Jung lembrou: "Quando tinha alcançado esse ponto central (Tao), começou o confronto com o mundo: comecei a dar muitas palestras e a escrever pequenos ensaios.

---

346 JUNG, C.G. *Letters* I, p. 66.

347 Prefácio à segunda edição em alemão, "Comentário sobre *O segredo da flor de ouro*", OC 13, p. 12.

348 *Letters* I, p. 68. Wilhelm apreciou o comentário de Jung. Em 24 de outubro de 1929, ele lhe escreveu: "Novamente, seus comentários me comovem profundamente" (*JA*).

349 Cf. as imagens 105, 159 e 163 no volume caligráfico. Essas imagens e outras duas foram reproduzidas anonimamente em 1950 em *Gestaltungen des Unbewussten* (Zurique: Rascher, 1950).

350 *JA*.

351 Sobre esse tema, cf. SHAMDASANI, S. *The Psychology of the Kundalini Yoga*: Notes of the Seminar Given in 1932 by C.G. Jung. Princeton: Princeton University Press/Bollingen Series, 1996. • SORGE, G. (org.). *Jung and the Indologists*: Jung's Correspondences with Wilhelm Hauer, Heinrich Zimmer and Mircea Eliade [Philemon Series, a ser publicado].

Naquele tempo, fiz palestras em muitos lugares".[352] Várias foram reunidas nos volumes editados *Contribuições para psicologia analítica* (1928) e *Problemas psíquicos da atualidade* (1931).[353] Assim, seu confronto com sua alma se encerrou e começou o confronto com o mundo. Ele via essas atividades como uma forma de compensação pelos anos de preocupação interior.[354] Em 1932, ele recebeu o prêmio de literatura da cidade de Zurique. Em 25 de novembro, escreveu a Ruth Bailey: "Visto que estou me tornando perigosamente famoso neste velho continente, não tenho mais paz e tranquilidade. O hino negro diz: 'Escapar para Jesus', e eu digo: 'Escapar para Bollingen', se eu puder".[355]

O estudo comparativo do processo de individuação

Em novembro de 1928, Jung convocou um seminário no Clube Psicológico sobre o tema da análise de sonhos.[356] Ele assumiu a forma de um estudo extenso dos sonhos de um empresário irritado e ansioso de 45 anos de idade, que tinha se alienado de sua esposa. O seminário continuou até junho de 1930. Naquele outubro, Jung realizou um seminário de uma semana no Hotel Sonne em Küsnacht para doze médicos alemães.[357] O seminário foi realizado a pedido dos participantes, que queriam ouvi-lo falar sobre "o desenvolvimento e significado de imagens inconscientes".[358] Ele descreveu as imaginações ativas de uma mulher norte-americana de 30 anos de idade, subsequentemente identificada como Christiana Morgan.

---

352 *MP*, p. 15.

353 Vários dos ensaios nessa coleção foram publicados em inglês na coleção Modern Man in Search of a Soul (San Diego: Harcourt, Brace & World, 1933 [trad. W.S. Dell e Cary Baynes]).

354 Em 8 de fevereiro de 1923, Cary Baynes registrou uma discussão com Jung na primavera anterior que tem alguma relevância para isso: "Você [Jung] disse que, não importa o quanto um indivíduo possa se destacar da multidão com dons especiais, em termos psicológicos, ele ainda não cumpriu todas as suas obrigações se não conseguir funcionar na coletividade de forma bem-sucedida. Quando falávamos de funcionar na coletividade, nós dois nos referíamos ao que costuma ser chamado 'misturar-se' com as pessoas de modo social, não em relacionamentos profissionais ou de negócios. Seu ponto era que, se um indivíduo se mantivesse longe desses relacionamentos coletivos, ele perderia algo que não podia se dar ao luxo de perder" (documentos Baynes).

355 *JA*.

356 McGUIRE, W. (org.). *Seminários sobre análise de sonhos* – Notas do seminário dado em 1928-1930 por C.G. Jung. Petrópolis: Vozes, 2014.

357 Von KOENIG-FACHSENFELD, O. (org.). *Bericht über das Deutsche Seminar von Dr. C.G. Jung, 6-11 Oktober in Küsnacht-Zürich*. Stuttgart, 1931.

358 Ibid., p. 4.

Depois disso, ele pretendia dar continuação ao seu seminário em inglês sobre análise de sonhos. Quando recebeu o pedido de repetir o seminário em inglês, ele sugeriu uma alternativa: "o desenvolvimento [...] da função transcendente de sonhos e visões e as representações reais daquelas imagens que servem na síntese do indivíduo: a reconciliação dos pares de opostos e todo o processo da formação de símbolos".[359] Em 31 de novembro, pediu permissão a Christiana Morgan para usar seu material para "explicar os segredos dos processos inconscientes de iniciação". Acrescentou que já o tinha usado em seu seminário alemão, "naturalmente, de um ponto de vista puramente impessoal, escondendo quaisquer inferências pessoais" e que tinha sido "realmente de beleza rara e um caso quase singular em sua integralidade e acurácia de visão, muito mais do que esperávamos quando estávamos lidando com isso pessoalmente".[360]

Em vez de apresentar seu próprio material, ele tinha encontrado um exemplo que lhe permitia mostrar um processo paralelo àquele pelo qual ele mesmo tinha passado, defendendo assim sua aplicação clínica e demonstrando sua replicabilidade. Em parte, esse seminário pode ser visto como um comentário indireto sobre o *Liber Novus*. A fim de demonstrar a validade empírica das concepções derivadas do *Liber Novus*, ele teve que mostrar que os processos descritos nele não eram únicos. Esse seminário duraria quatro anos e foi encerrado quando a identidade de Christiana Morgan se tornou evidente. Depois disso, a pedido dos alunos, ele voltou sua atenção para o tema de *Assim falava Zaratustra*, de Nietzsche, contemplando-o pelas lentes de sua própria autoexperimentação e lendo a obra como se fosse o *Liber Novus* de Nietzsche.[361]

Em outubro de 1931, Jung realizou um seminário em alemão no Hotel Sonne.[362] Ele falou novamente sobre a imaginação ativa, recorrendo, dessa vez, a uma série de casos diferentes. Isso parece ter atraído um público muito maior do que no ano anterior, sendo que mais ou menos 40% dos participantes eram da Alemanha. Depois disso, deu seguimento com um seminário colaborativo com Wilhelm Hauer sobre ioga Kundalini. Hauer apresentou o tema em seminários em alemão e inglês, e Jung providenciou o comentário psicológico sobre

---

359 *VS*, p. 3.
360 *JA*.
361 Sobre esse tema, cf. DOMENICI, G. *Books "for All and None"*: Nietzsche's Zarathustra, Jung's Liber Novus and "Visionary" Works. Nova York: Palgrave/Macmillan, 2020.
362 FALZEDER, E. (org.). *The Practice of Active Imagination*: C.G. Jung's German Seminar of 1931. Philemon Series [trad. Ernst Falzeder com Tony Wolfson; a ser publicado].

seu simbolismo, destacando a emergência das imagens entre pacientes norte-americanos e europeus contemporâneos. Ao trabalhar com Hauer, Jung estava efetivamente continuando sua colaboração com Richard Wilhelm, explorando o simbolismo multicultural do processo de individuação e como práticas esotéricas orientais e os "processos de iniciação inconscientes" da psicoterapia de individuação podiam esclarecer uns aos outros. Hauer e Jung também trabalharam com Heinrich Zimmer em seus seminários em Berlim, em 1933.[363]

Jung também começou a se envolver em organizações de psicoterapia. Em 1930, ele se tornou vice-presidente da Sociedade Médica Geral de Psicoterapia, que era predominantemente alemã. Após a resignação de Ernst Kretschmer em 1933, ele se tornou presidente interino e então, em 1934, presidente. Alguns de seus associados, incluindo Cary Baynes, tinham-no aconselhado fortemente contra isso. Ele foi criticado por assumir a posição, mas ele viu seu objetivo como "garantir para uma ciência jovem e insegura um lugar seguro durante um terremoto".[364] Ele começou a internacionalizar a sociedade e a proteger o *status* de profissionais judeus como membros independentes. Ele também foi fortemente criticado por comentários que contrastavam a psicologia ariana e judaica nesse tempo.[365]

Nos meados da década de 1930, Jung passou a estudar a alquimia com seriedade. Seu primeiro contato com ela remetia à sua pesquisa para *Transformações e símbolos da libido*. Em sua visão, os alquimistas tinham se empenhado em algo semelhante ao que ele chamava o processo da imaginação ativa. Além do mais, os símbolos alquímicos retratavam o processo da individuação. Num nível histórico, o trabalho tinha uma importância adicional, pois o material simbólico era precisamente o que tinha sido excluído pelo cristianismo eclesiástico e,

---

363 SORGE, G. (org.). *On Dream Interpretation, Yoga and Psychology*: Notes of the Seminar Given by Dr. C.G. Jung in Berlin between 26 June and 1 July 1933, with a presentation by Heinrich Zimmer. Philemon Series [a ser publicado]. Sobre as atividades de Jung em 1933, cf. FISCHER, T. "1933 – The Year of Jung's Journey to Palestine/Israel and Several Beginnings". In: *Turbulent Times, Creative Minds*, p. 135-149.

364 "Atualidades (1934)", OC 11/6, § 1022.

365 JUNG, C.G. "Editorial". In: *Zentralblatt für Psychotherapie und ihre Grenzgebiete*, ibid., § 1014. Cf. tb. COCKS, G. *Psychotherapy in the Third Reich*: The Göring Institute. 2. ed. revisada e expandida. New Brunswick: Transaction, 1997. • SORGE, G. "Psicologia analitica e Anni Trenta – Il ruolo di C.G. Jung nella Internationale Allgemeine Ärztliche Gesellschaft für Psychotherapie (1933-1939/40)". Zurique: Universidade de Zurique, 2010 [dissertação]. • SORGE, G. *Bestandsbeschrieb der Akten zur Geschichte der Präsidentschaft von C.G. Jung in der Internationalen Ärztlichen Gesellschaft für Psychotherapie, 1933-1940 im Nachlass von C.A. Meier*. Zurique: Jung-Arbeitsarchiv, ETH-Bibliothek, 2016.

assim, tinha a função de uma subcorrente compensatória. Por exemplo: a visão de Jung do Deus Abraxas apresentava paralelos surpreendentes com a figura de Mercúrio na alquimia.[366] Em retrospectiva, ele observou que "o encontro com a alquimia foi para mim uma experiência decisiva; nela encontrei as bases históricas que até então buscara inutilmente".[367] O material gnóstico que ele tinha estudado havia sido distante demais do presente, e ele acreditava que a alquimia formava uma ponte entre o gnosticismo e a psicologia do inconsciente. Se sua tese estivesse correta, ele seria capaz de demonstrar que os resultados de seu empreendimento não se limitavam a ele, seus associados próximos e pacientes, mas tinham uma relevância histórica e cultural mais ampla. Se ele tivesse simplesmente publicado o material de seus pacientes, seus casos poderiam facilmente ter sido dispensados como produto da autossugestão ou sugestão, sem constituir evidências empíricas sólidas. Sua decodificação filológica da alquimia ocorreu numa série de oito cadernos de anotação e num volume de índices.[368] Ele copiou excertos extensos de textos alquímicos e sublinhou expressões-chave, que ele documentou no volume de índices. Formulários nesses volumes indicam que, inicialmente, ele conduziu uma pesquisa extensa na biblioteca da universidade de Basileia no inverno de 1935. Seu trabalho nos *Livros Negros* e no volume caligráfico do *Liber Novus* cessaram agora diante do seu trabalho em seus cadernos de alquimia.

Em 1935, ele escreveu "Simbolismo do sonho individual em relação à alquimia" e incluiu, como epígrafe, as seguintes linhas da *Eneida* de Virgílio:

> . . . *facilis descensus Averni;*
> *noctes atque dies patet atri ianua Ditis:*
> *sed revocare gradum superasque evadere ad*
> *auras, hoc opus, hic labor est . . .* (VI, 126–29)

> . . . fácil é a descida aos infernos;
> noite e dia o portão do Deus sombrio está

---

366 "O espírito Mercurius", OC 13.

367 *Memórias*, p. 205.

368 Cf. SHAMDASANI, S. *C.G. Jung: uma biografia em livros*. Petrópolis: Vozes, 2014, p. 172-188. • RIBI, A. "Zum schöpferischen Prozess bei C.G. Jung: Aus den Excerptbänden zur Alchemie". In: *Analytische Psychologie*, 13, 1982, p. 201-221.

> aberto: mas o retorno aos ares luminosos
>
> do céu se faz por caminhos cheios de provações.[369]

Essas linhas são ditas pela sibila em Cumana, alertando Eneias, que deseja ardentemente descer para o submundo para ver o rosto de seu pai mais uma vez. A citação pode ser lida como uma resposta à citação de Freud da *Eneida* no início de *A interpretação dos sonhos*. Freud cita Juno, que é impedida por Eneias: "Flectere si nequeo superos, Acheronta movebo" (Se eu não posso dobrar os poderes superiores, eu moverei o Aqueronte).[370] A publicação anunciou uma virada crítica, pois Jung passaria os próximos vinte anos de sua vida imerso no estudo da alquimia. A epígrafe tratava dessa situação, pois ele tinha completado sua descida ao submundo, seu "confronto com o inconsciente" e tinha parado de escrever nos *Livros Negros* e decidido não publicar o *Liber Novus* a essa altura. Por isso, teve que encontrar outra maneira de apresentar suas descobertas feitas em sua autoexperimentação. O retorno para os ares superiores por meio da erudição histórica comparativa deveria ser sua tarefa e sua labuta. Como comentou a Aniela Jaffé anos mais tarde:

> Durante algo em torno de quinze anos, fiquei lendo livros em busca de algum tipo de material de revestimento para essa revelação primordial que eu mesmo não conseguia administrar. Custou-me 45 anos, por assim dizer, para conseguir controlar as coisas que tinha escrito em algum momento no recipiente da minha obra.[371]

Enquanto o *Liber Novus* tinha sido uma tentativa de apresentar o significado da revelação, ele teve agora de voltar do "lado humano" – da ciência. O custo foi considerável: "Paguei com minha vida, e paguei com minha ciência".[372] Agora, a alquimia lhe apresentava um modo de apresentar suas pesquisas de maneira alegórica. Por isso, seus trabalhos sobre a psicologia da alquimia apresentavam dois lados – ao mesmo tempo em que representavam uma pesquisa histórica original e erudição formidável, eles não eram estudos puramente acadêmicos, pois, em muitos aspectos, o referente-chave não era aquilo em que os alquimistas estavam ou não empenhados, mas a apresentação de Jung de

---

369 VIRGÍLIO. *Eneida* [tradução para o alemão de R. Fairclough]. Apud JUNG, C.G. *Psicologia e alquimia*, OC 12, p. 51.

370 VIRGÍLIO. *Eneida*, VII, l. 312. Sobre a história dessa citação, cf. STAROBINSKI, J. "Acheronta Movebo". In: *Critical Inquiry*, 13, 1987, p. 394-407.

371 *MP*, p. 149.

372 Ibid., p. 147-148.

sua concepção do processo de individuação e sua retratação em símbolos. De maneira criptografada, imagens e concepções do *Líber Novus* e dos *Livros Negros* emergiam contextualizadas e amplificadas.

A partir da década de 1930, Jung buscou uma maneira de redescobrir, através da erudição histórica, os conceitos aos quais tinha chegado de modo independente. Esse projeto se desdobrou em dois cenários principais. Em 1933, após um intervalo de duas décadas, ele voltou para a universidade como conferencista no Instituto Federal de Tecnologia da Suíça (ETH). Em 1935, foi nomeado professor. Entre 1933 e 1941, ele ensinou por 14 semestres, apresentando uma visão geral histórica da psicologia moderna e, sobretudo, um estudo comparativo do processo de individuação com foco nos ioga sutras de Patanjali, nos exercícios espirituais de Santo Inácio de Loyola, na meditação budista e na alquimia ocidental.[373] As palestras eram abertas ao público geral. A percepção essencial que permitiu esses vínculos e comparações foi a percepção de Jung de que todas essas práticas tinham como seu objetivo a transformação da personalidade. Ele entendia esta como o processo de individuação. Assim, as palestras de Jung na ETH fornecem uma história comparativa da imaginação ativa, a prática que ele tinha desenvolvido nos *Livros Negros*.

As palestras acompanhavam sua participação regular nas conferências de Eranos em Ascona, estabelecidas em 1933 por Olga Froebe-Kapteyn.[374] As conferências duravam duas semanas e aconteciam anualmente. Elas se concentravam na história da religião e cultura, com uma ênfase especial na relação entre Oriente e Ocidente. Jung aconselhou Froebe-Kapteyn referente a temas e palestrantes a serem convidados, mas teve o cuidado de impedir que as conferências se tornassem um mero veículo de sua escola.

Estudiosos que participaram das conferências incluíam Henry Corbin, Heinrich Zimmer, Victor White, D.T. Suzuki, Ernesto Buonaiuti, Giuseppi Tucci, Wilhelm Hauer, Louis Massignon, Gilles Quispel, Erwin Rousselle, Mircea Eliade, Paul Radin, Louis Massignon, Karl Kerényi e Adolf Portmann. Eles serviam como grupo informal de colegas e como público crítico ao qual

---

373 Esses volumes, editados por Ernst Falzeder e Martin Liebscher, serão publicados pela Princeton University Press como parte das Philemon Series.

374 Sobre Eranos, cf. HAKL, H.T. *Eranos*: An Alternative Intellectual History of the Twentieth Century. Montreal: McGill-Queens University Press, 2013 [trad. Christopher McIntos com a colaboração de Hereward Tilton]. • BERNARDINI, R. *Jung at Eranos*: The Complex Psychology Project. Londres: Routledge, 2018.

as obras de Jung se dirigiam a partir dos meados da década de 1930. O estudo comparativo do processo de individuação no qual ele estava empenhado exigia a colaboração de especialistas no campo da religião comparada. Por outro lado, para muitos desses estudiosos, os vínculos que ele estava tentando estabelecer entre a psicologia e seus campos de perícia abriam a possibilidade de aplicações inesperadas de seu trabalho fora dos confins da academia.

Para concluir, os *Livros Negros* fornecem uma visão singular do processo criativo de um psicólogo importante. Num nível textual, eles permitem acompanhar como a leitura erudita de Jung fornecia recursos que inspiravam sua fantasia, levando-o a imaginar de maneira mítica. Através da reflexão sobre esses recursos, ele tentou extrair percepções amplas deles, moldadas primeiramente de forma lírica no *Liber Novus* e subsequentemente de formas conceituais e teóricas em seus escritos acadêmicos. Como um *document humain* e registro psicológico, os *Livros Negros* mapeiam a tentativa de Jung de resolver a crise de sentido do século XX em sua própria pessoa e de destilar disso através da psicoterapia um meio que pudesse ser imitado por outros. Em suma, os *Livros Negros* e o *Liber Novus* formam, juntos, o âmago da psicologia analítica e permitem que sua gênese histórica seja estudada desde seus primórdios. O trabalho de Jung pode agora ser visto nas conexões completas e íntimas entre os ciclos visionários esotéricos, e a psicologia exotérica pode ser compreendida. Mais tarde, Jung lembrou que toda a sua "vida consistiu em elaborar o que tinha irrompido do inconsciente como um fluxo enigmático e ameaçava me quebrar [...]. Tudo que veio depois foi meramente a classificação externa, a elaboração científica, a integração na vida. Mas aquele tinha sido o início numinoso que continha tudo".[375] Assim, os *Livros Negros* nos capacitam a entrar no laboratório privado da psicologia analítica e seguir a gênese de uma ciência visionária, isto é, como uma psicologia nasceu da imaginação visionária, que, por sua vez, podia formar uma ciência de visões.

---

375 *MP*, p. 177.

Nota editorial

Sonu Shamdasani

Livro Negro foi a designação que Jung deu aos cadernos de anotação em que ele registrou sua autoexperimentação entre 1913 e 1932.[376] O termo "negro" se refere ao fato de que, com a exceção do primeiro, que tinha uma capa marrom, todos eles têm capas pretas. A designação no singular de Jung indica que ele via esses cadernos como um todo integral. Subsequentemente, eles têm sido chamados *Livros Negros*, no plural; nesta edição, usamos a designação "os *Livros Negros*". Estes foram numerados juntamente com o diário da adolescência de Jung (parece que uma pessoa diferente de Jung os numerou). Por isso, a sequência atual começa com o *Livro 2*. Os primeiros registros no *Livro 2* representam a continuação do diário adolescente de Jung e vão até 1902, por isso, esta edição começa com a página 4. Visto que aqueles registros pertencem ao contexto do diário adolescente, eles não foram reproduzidos aqui. Após um longo intervalo de mais de uma década, Jung usou o *Livro 7* para registrar anotações de outro tipo. Estas não foram reproduzidas aqui. Assim, esta edição apresenta a totalidade dos registros de 1913 a 1932 numa edição fac-símile numa escala 1/1, formando um relato completo do período de autoexperimentação de Jung. Cada volume contém o fac-símile do livro em questão, seguido por uma tradução com anotações. Os impressos, a introdução, nota dos tradutores, apêndice de imagens e índice foram inseridos neste volume, que mantém a consistência da numeração.

Com a reprodução do texto, o recuo dos parágrafos foi regularizado. Onde foram acrescentadas aspas, elas foram indicadas por colchetes. Os grifos de Jung foram mantidos. Letras ilegíveis foram indicadas por "xx" e palavras ou letras riscadas foram tachadas. Quando foi possível substituir uma palavra parcial em alemão por um equivalente em português, isso foi feito, caso contrário ela foi indicada por "xx". A quebra de uma página para a próxima no fac-símile

---

376 *MP*, p. 15, 252, 353, 354.

é indicada no texto da tradução por uma barra /entre os números das páginas entre colchetes correspondentes às páginas do caderno original.

No que diz respeito ao material de 12 de novembro de 1913 a 6 de junho de 1916, que, subsequentemente, foi incluído no *Líber Novus*, a maioria das mudanças significativas foi indicada nas notas de rodapé para ajudar na comparação. A paginação do *Líber Novus* corresponde à *Edição sem ilustrações*. Em alguns lugares, a tradução foi revisada. Às vezes, as traduções da *Obra completa* de Jung foram modificadas. Exceto quando indicado diferentemente, as datas e os detalhes referentes às atividades de Jung seguem a agenda de Jung e as informações dos arquivos da família Jung, com permissão de Andreas Jung e Susanne Eggenberger-Jung.

Traduzindo as runas de Jung

Martin Liebscher, John Peck e Sonu Shamdasani

No outono de 1917, a alma de Jung obriga o mago negro Ha a ler e explicar uma série de runas crípticas que ele tinha enviado.[377] Os registros resultantes, que incluem oito conjuntos de formas rúnicas inscritas, representam uma das seções mais desafiadoras de tradução nesta obra e exigiram uma comparação triangular constante entre as runas, o texto alemão e a tradução para o inglês. Ao mesmo tempo, servem como exemplo das complexidades de traduzir esta obra como um todo. Em resposta ao pedido da alma de Jung, Ha assume a tarefa de traduzir as runas, explicando-as literalmente. É um acampamento de treinamento em codificação: ele dá dicas à alma de Jung sobre como esta ou aquela forma corresponde ao sol, ou a um teto ou a uma passagem inclinada ou até sobre como o leitor deve se sentir fisicamente ao navegar esta curva ou aquele abismo. Uma progressão, mas nenhuma narrativa, conecta esses elementos. Não há significados ocultos em lugar algum; o significado está contido no significador, a semântica está contida na sintaxe, ao mesmo tempo em que a urgência do guia, apesar de palpável, permanece incapaz de indicar qualquer coisa além disso. Muito antes de Marshall McLuhan, o meio *era* a mensagem.

A instrução paciente e completamente centrada na postura da alma de Jung por Ha se concentra menos no significado dos signos e mais numa ioga segundo as formas das runas. Entre estas, aparecem uma serpente, traços com pequenas cabeças esquemáticas, e um sol modesto; nem as runas nórdico-germânicas nem os hieróglifos egípcios regem as runas, mas algo diferente. Essa língua nunca foi ensinada antes, nem mesmo durante os quatro primeiros anos do experimento de Jung. Agora que chega, ela é transmodal, semipictográfica e, na nomenclatura de Jung, rúnica.

As frases de Ha em si não são difíceis; a dificuldade está em entender o que realmente está acontecendo. Ao longo de toda a passagem, o leitor sente a urgência de Ha de que esses visitantes sejam capazes de assimilar o signi-

---

377 *Livro 7*, p. 148ss.

ficado parcialmente registrado nessas runas, mas também ativo no meio de uma pequena guilda de magos – Ha e Filêmon, com Ka servindo como vínculo entre eles como alma de Ha e sombra de Filêmon. E já as percepções que devemos administrar emolduram categorias híbridas: Ka, como sombra de Filêmon, emerge independente em suas interações com Ha, o mago negro. Mas, é claro, isso ajuda a articular uma leitura do caráter de Filêmon. Assim, aprendemos a ler um caráter diante de um pano de fundo psíquico específico, nesse caso, as próprias dramatis personae de Jung que se manifestam a ele como fatores reais – como Elias o tinha admoestado anteriormente de que eles eram reais e não símbolos[378] – e também num cosmo que se assenta entre as pontas dos cones criadores do mundo, como explicam as runas.[379] Enquanto o próprio Jung acompanha esse ritmo, mesmo assim suas impressões do espetáculo ou sua primeira interpretação de uma interação com algum fato desconcertante, frequentemente ultrapassa suas faculdades de assimilação iniciais.

Em cartas datadas de 13 de setembro e 10 de outubro de 1917, Jung escreveu a Sabina Spielrein, comentando sobre a importância de determinados hieróglifos num sonho que ela tinha enviado para ele, dizendo que "com seus hieróglifos, estamos lidando com engramas filogenéticos de uma natureza simbólica histórica".[380] Referindo-se ao desdém com que os freudianos tinham tratado *Transformações e símbolos da libido*, ele descreveu a si mesmo como "agarrando-se às suas runas", que ele não entregaria àqueles que não as entenderiam.

Ao responder às objeções dos freudianos à visão de Jung referente a tais símbolos intermediadores, ele aponta para o preço pago por tal colheita: é a ferida "causada em si mesmo" (ou profundamente reconhecida por si mesmo: efetivamente, o mesmo). Nossa meditação sobre a tradução nos *Livros Negros* alcança essa virada autossacrificial, onde a intenção de suportar seu próprio sofrimento com devoção se torna a tarefa e o mistério.

Cary Baynes relata como, em 1922, Jung evoca a imagem das runas como representando, pars pro toto, grande parte daquilo que ele procurava entender e transmitir através de seu encontro com as profundezas: "Boa parte do seu material, como você disse, chegou-lhe como runas e a explicação dessas runas soa como o mais arrematado absurdo, mas isso não importa se o produto final

---

378   *Livro 2*, p. 183.
379   Cf. *Livro 7*, p. 172ss.
380   "The Letters of Jung to Sabina Spielrein". In: *Journal of Analytical Psychology*, 43, 2001, p. 186.

é o sentido".[381] O sentido era a nova hermenêutica que, eventualmente, nasceu das runas.

Os céticos zombam das runas, objetando que quaisquer projeções trazidas a tais símbolos são arbitrárias. No entanto, um punhado se parece com posturas corporais, que poderiam ser descritas como uma forma de ioga rúnica. Supõe-se, porém, de modo justificável que o respeito de Jung por suas formas é garantido apenas porque o mito de sua origem no sacrifício de Wotan de si mesmo a si mesmo as projeta como um donum dei [dom de Deus], emergindo em sua própria imaginação ativa com Ha. A tradução da camada rúnica primordial dá peso a esses signos como básicos à psique humana.

Sob essa luz, a ioga rúnica emerge dos *Livros Negros* como um recurso para ordenar tais eventos psíquicos criativos autônomos. Tais eventos são difíceis de entender, mas o fardo do não entendimento é maior. Um símbolo em ioga rúnica é quase o mesmo que aquilo que retrata, uma vez que é entendido como imitação de uma atitude correta nos níveis de espírito e instinto, ambos enraizados arcaicamente.

Os ideogramas chineses de Ezra Pound estabelecem uma conexão com as runas de Jung apenas por um instante através de um fluxo amplo e rápido; o dialeto rúnico/mágico de Jung não tem um lar entre os vivos. O cajado preto do mago se torna a varinha de Hermes de Jung — uma ajuda para navegar o caminho da vida remida de redentores, ou salva de salvação; os signos, diferentemente da "letra sólida" em "Patmos", de Hölderlin, um poema próximo do coração de Jung por muito tempo, fazem emergir consigo seu próprio solo escuro.

Como tradutores desta obra, descobrimos que não podíamos nos limitar ao texto, mas que precisávamos entender o referente como uma *dimensão*. Nesse sentido, rejeitamos o Il n'y a pas de hors-texte (não existe fora-do-texto) de Jacques Derrida. Como podemos fingir que Jung não estava sendo compelido consistentemente a se aventurar na imaginação visionária, com uma linguagem que, muitas vezes, parecia ser improvisada sob as circunstâncias? Se ele tivesse sido obrigado a romper o círculo hermenêutico, como nós, como seus tradutores, não poderíamos também testemunhar as interações entre seu "eu", sua alma e os numerosos habitantes das profundezas? Em algo semelhante a um ato reiterativo de imaginação, fomos obrigados a tentar constantemente entrar

---

381 Citado no *LN*, p. 59.

no mundo imaginário de Jung para imaginar o que estava transparecendo e manter em mente seu momento atual como um terceiro espaço entre o alemão e o inglês. O que se fez necessário durante toda a nossa colaboração foi uma sintonização com o mundo crepuscular das imaginações de Jung e, em seguida, a tentativa de retornar para o mundo do inglês contemporâneo para comunicar fielmente este texto e seu hors-texte flutuante.

Traduzir sempre consiste em transportar significado para outro lugar, de modo que ele permaneça igual e o torne diferente (translatio, em latim, "levantar algo para outro lugar"). Se nos envolvermos suficientemente com um texto, descobrimos que estamos chegando *lá* ficando também *aqui* – para modificar o dito de Gertrude Stein, *lá* não existe "lá", só porque está se manifestando aqui. Essa descoberta sobre o trans-lateral ou a tra-dução em jogo, que a tradução oficial ou confessa costuma declarar, pode ser a conquista psicológica por trás da manifestação no nórdico antigo, a primeira entre as línguas europeias ocidentais, da fala na primeira pessoa por volta de 400 d.C. Isso se desenvolveu não por meio da abreviação do final das palavras e o destaque do elemento pessoal como em latim e grego, mas pela afirmação do pronome independente. Acessar a importância psicológica dessa mudança linguística significa ponderar mudanças em perspectiva e também em acesso à interioridade. O refugiado e intelectual austríaco Franz Borkenau atribuiu essa mudança a uma combinação de instinto primordial e esforço intelectual.[382] No entanto, a mudança em si, que ocorreu em outras línguas europeias, tornou todas essas línguas intensamente psicológicas, trazendo seus falantes pela primeira vez para a primeira pessoa no singular. O que, então, a psicologia de Jung devia, durante seu desenvolvimento original nos *Livros Negros*, a essa transformação sutil da própria língua alemã, com seus olhares surpreendentes sobre os ombros tanto para o grego e para o latim alexandrino gnóstico quanto para o nórdico antigo, as runas e a magia?

No que diz respeito à atividade dos tradutores, está-se sacrificando pela voz de outra pessoa, mesmo que esteja morta, não porque você não saiba escrever, mas porque você consegue sentir o espírito em seu esforço e se sente atraído a dar o seu próprio sangue, a sua própria parcela de sacrifício. Com o experimento crucial de Jung, percebemos que ele teme a possibilidade de que possa

---

382 BORKENAU, F. *End and Beginning*: On the Generations of Cultures and the Origins of the West. Nova York: Columbia University Press, 1981, parte II: Contributions to the Origin of the West, Linguistic Prelude [org. e introdução de Richard Loewenthal].

não ser efetivo; que trabalhar com seus interlocutores é imprevisível e perturbador, mas então, repentinamente, significativo além de qualquer medida e que essas proporções, e nenhumas outras, garantem eficácia, produzindo o que ele jamais poderia produzir sozinho. Mais do que tudo, traduzimos em reconhecimento à eficácia dada aos vivos pelos mortos.

Reconhecemos um ato mítico como nosso modelo: no grego arcaico, *nekyía*, o sangue sacrificado numa cova para atrair os espíritos dos mortos ("sangue para os espíritos", na expressão de Pound, para a sua própria apropriação da prática homérica). Chegar a essa zona significa *levantar e carregar* alerta e despido, mas também submeter-se à influência de Jung. Nossas sensibilidades foram afetadas numa medida que outros possam achar peculiar. No início do nosso empreendimento, um de nós escreveu em seu diário:

> Sensação hoje de que o trabalho mais uma vez percorre minhas veias. Sentimento mediúnico. Entregando-me a ele, minha voz, minha articulação verbal. A voz dos mortos, das sombras. As presenças que subirão ao palco público, através da minha caneta, minha língua. Falai, vós mortos! Recebei minhas libações. Ressoai mais uma vez!

Isso destaca o equilíbrio necessário quando nos envolvemos com as sombras farfalhantes. Elas *aparecem*? Então você *deve aparecer*. Elas *respondem* ao sangue? Então você deve não só dar sangue em primeiro lugar, mas também *ser responsável por* aquilo que ouve. Afinal de contas, isso é apenas uma transação hiperlocal, mais responsável do que as interações em que nos envolvemos na maioria das vezes. Tradução ainda custa o nosso sangue. O sacrifício alimenta essa percepção como nenhuma outra. Outro membro da nossa equipe, ao reagir ao término da nossa tradução, lembrou uma passagem relevante de Nietzsche: "De tudo quanto se escreve, agrada-me apenas o que alguém escreve com o próprio sangue. Escreve com sangue; e aprenderás que sangue é espírito".[383]

Através da prática, rapidamente desenvolvemos os seguintes princípios de trabalho: 1) alisar o mínimo possível; preservar os contornos do discurso. 2) Não acrescentar nem retirar nada. 3) Quando incapazes de levantar e carregar, deixar sinais para viajantes posteriores. 4) Soltar o que carregamos assim que

---

383 NIETZSCHE, F. *Assim falava Zaratustra*. Petrópolis: Vozes, 2008, p. 59 [trad. Mário Ferreira dos Santos].

ouvirmos o zumbido cessar (o sentido raiz de *runa* é certo som distorcido ou barulho branco).

Escrevendo ao seu patrocinador ao completar sua tradução de Plotino, Stephen McKenna observou humildemente: "Será crível, mas não há como esconder o fato de que algumas décadas adicionais poderiam ser muito bem investidas para polir o texto".[384] Dez anos após a tradução de *Líber Novus*, a tradução da primeira parte desta obra, que abarca os registros desde outono de 1913 até o verão de 1916, deu a dois de nós uma oportunidade bem-vinda de continuar a polir o trabalho feito com a ajuda de Mark Kyburz — cujo esforço é reconhecido com gratidão — no *Líber Novus*. O polimento continuou, ao mesmo tempo em que estávamos escavando uma camada anterior do texto, anterior à elaboração literária por Jung. Juntou-se a nós neste trabalho e na tradução do material após 1916 Martin Liebscher, oferecendo um olhar fresco e habilidades linguísticas. Agora, chegou a hora de liberar as runas traduzidas, às quais nós temos nos agarrado. Cabe a outros julgar se os resultados são críveis ou não.

---

384 McKENNA, S. *Journals and Letters*. Londres: Constable, 1936, p. 80 [edição de E.R. Dodds, com uma lembrança de Dodds e um prefácio de Padraic Colum].

Abreviações

Seminários de psicologia analítica: JUNG, C.G. *Seminários de psicologia analítica (1925)*. Petrópolis: Vozes, 2014 [ed. rev.: Sonu Shamdasani; ed. original: William McGuire].

CFB: Cary Baynes Papers, Contemporary Medical Archives, Wellcome Library, Londres.

CLM: Countway Library of Medicine, Harvard Medical School, Boston.

CWB: *Transformations and Symbols of the líbido*. Volume suplementar B da Obra Completa de C.G. Jung.

JA: C.G. Jung collection, History of Science Collections, Swiss Federal Institute of Technology Archive, Zurique.

JFA: Arquivos da Família Jung.

Letters: ADLER, A. & JAFFÉ, A. (orgs.). *C.G. Jung Letters*. Princeton: Princeton University Press/Bollingen Series [vol. 1: 1973; vol. 2: 1975].

Memórias: JUNG, C. & JAFFÉ, A. – *Memórias, sonhos e reflexões*. 33. ed. Rio de Janeiro: Nova Fronteira, 2019.

MP: Protocolos originais para *Memories, Dreams, Reflections*, C.G. Jung e Aniela Jaffé, ed. Sonu Shamdasani, com Robert Hinshaw e Thomas Fischer como editores consultivos (Princeton: Princeton University Press/Philemon Series, no prelo).

MAP: Atas da Associação de Psicologia Analítica, Clube Psicológico, Zurique; original em alemão.

MZS: Atas da Sociedade Psicanalítica de Zurique, Clube Psicológico, Zurique; original em alemão.

LN: JUNG, C.G. O Livro Vermelho – Liber Novus – Ed. sem ilustrações. Petrópolis: Vozes, 2013.

OC: Obra Completa de C.G. Jung. ed. rev. Petrópolis: Vozes, 2010. 19 vols.

VS: JUNG, C.G. *Visions*: Notes of the Seminar Given in 1930-1934. Princeton: Princeton University Press/Bollingen Series, 1997 [org. Claire Douglas].

ZS: JUNG, C.G. *Nietzsche's Zarathustra*: Notes of the Seminar given in 1934-1949. Vol. 2. Princeton: Princeton University Press/Bollingen Series, 1988 [org. James Jarrett].

Apêndice

O esboço de mandala 1 parece ser o primeiro de uma série de esboços de mandalas e data de 2 de agosto de 1917. É a base para a imagem 80 no volume caligráfico do *LN*. A legenda no topo da imagem é "ΦΑΝΗΣ" (Fanes). Legenda na parte inferior: "Stoffwechsel in Individuum" (Metabolismo no indivíduo).

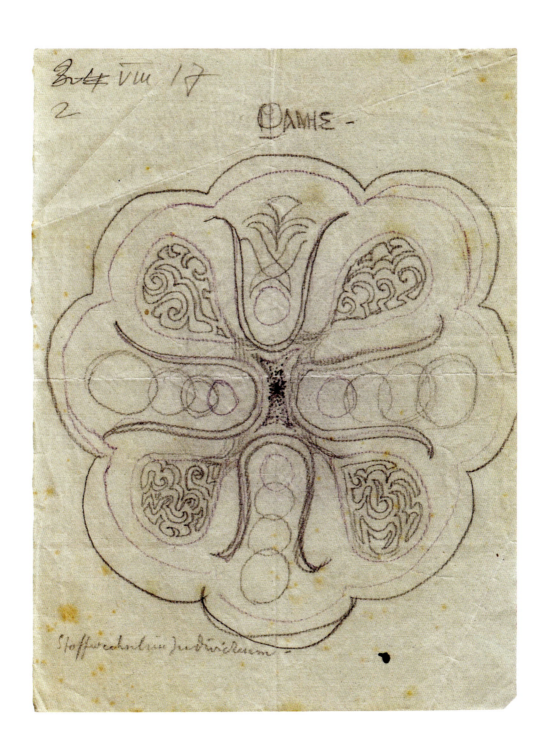

Esboço de mandala 2 é o verso do esboço de mandala 1.

O esboço de mandala 3 data de 4 e 7 de agosto de 1917 e é a base para a imagem 82 no volume caligráfico do *LN*.

4 VIII 17   und 7 VIII 17

O esboço de mandala 4 data de 6 de agosto de 1917.

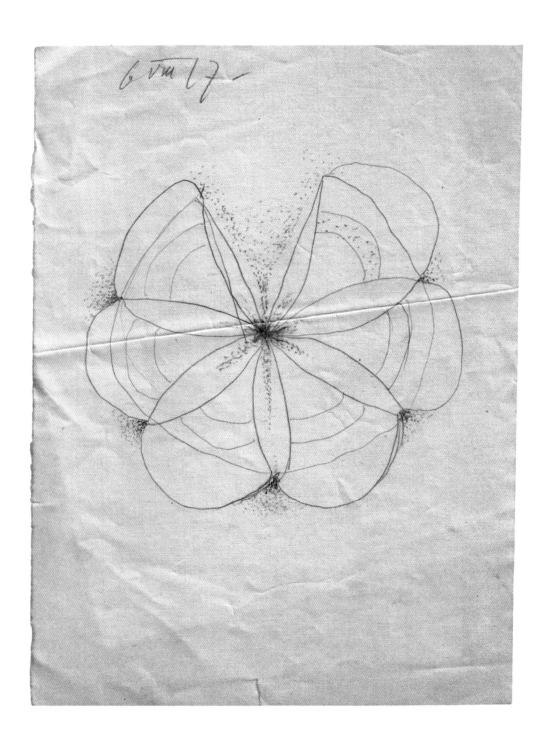

Systema Munditotius. O *Systema Munditotius* de Jung foi publicado anonimamente numa edição especial da revista *Du* dedicada às conferências Eranos. Numa carta de 11 de fevereiro de 1955 a Walter Corti, Jung afirmou explicitamente que ele não quis que seu nome aparecesse nela (JA). Ele acrescentou os seguintes comentários à pintura:

Ele retrata as antinomias do microcosmo dentro do mundo macrocósmico e suas antinomias. No topo, a figura de um garoto no ovo alado, chamado Erikapaios ou Fanes e lembra uma figura espiritual dos Deuses órficos. Sua antítese sombria nas profundezas é, aqui, designada como Abraxas. Ele representa o *dominus mundi*, o senhor do mundo físico, e é um criador de mundos de natureza ambivalente. Brotando dele vemos a árvore da vida, rotulada *vita* ("vida"), enquanto sua contraparte superior é uma árvore de luz na forma de um candelabro de sete braços, rotulado *ignis* ("fogo") e *Eros* ("amor"). Sua luz aponta para o mundo espiritual da criança divina. Arte e ciência também pertencem a essa esfera espiritual, a primeira sendo representada como uma serpente alada e a segunda como rato alado (como atividade de escavação de buracos!). – O candelabro se baseia no princípio do número espiritual três (duas vezes três chamas com uma grande chama no centro), enquanto o mundo inferior de Abraxas é caracterizado pelo número cinco, o número do homem natural (as duas vezes cinco raios de sua estrela). Os animais acompanhantes do mundo natural são um monstro diabólico e uma larva. Isso significa morte e renascimento. Outra divisão da mandala é horizontal. À esquerda, vemos um círculo que indica o corpo ou o sangue, e dele se levanta a serpente, que se enrola no falo, como generativo. A serpente é escura e clara, significando a esfera sombria da terra, a lua e o vazio (por isso chamada Satanás). A esfera clara de rica plenitude está à direita, onde, do círculo brilhante *frigus sive amor dei* [frio, ou o amor de Deus], o pombo do Espírito Santo levanta voo e a sabedoria (*Sophia*) é derramada de uma taça dupla à esquerda e à direita. – Essa esfera feminina é a do céu. – A grande esfera caracterizada por linhas ou raios em ziguezague representa um sol interior; dentro dessa esfera, o macrocosmo é repetido, mas com as regiões superiores e inferiores invertidas como que num espelho. Essas repetições devem ser concebidas como infinitas em números, ficando cada vez menores até que o âmago mais íntimo, o microcosmo real, é alcançado (reproduzido em JAFFÉ, A. (org.). *C.G. Jung, Word and Image*. Princeton: Princeton University Press/Bollingen Series, 1979, p. 75).

Systema mundi totius.

Imagem 72, *LN*

Imagem 105, *LN*

Em 1930, Jung reproduziu esta imagem anonimamente em "Comentário sobre *O segredo da flor de ouro*" como uma mandala pintada por um paciente durante o tratamento. Ele o reproduziu novamente em 1952, em "O simbolismo da mandala" e escreveu:

Trata-se do quadro de um homem de meia-idade. No centro há uma estrela. O céu é azul com nuvens douradas. Nos quatro pontos cardeais vemos figuras humanas: em cima, um velho em atitude contemplativa e embaixo Loki ou Hefesto, com cabelo ruivo chamejante, segurando um templo na mão. À direita e à esquerda há duas figuras femininas, uma escura e outra clara. São indicados desse modo quatro aspectos da personalidade, isto é, quatro figuras arquetípicas que pertencem por assim dizer à periferia do Si-mesmo. As duas figuras femininas podem ser logo reconhecidas como os dois aspectos da anima. O velho corresponde ao arquétipo do sentido, ou seja, do espírito, e a figura ctônica escura no plano inferior, ao oposto do sábio, isto é, ao elemento luciferino, mágico (e às vezes destrutivo). Na alquimia trata-se de Hermes Trismegisto versus Mercúrio como o trickster evasivo. O primeiro círculo que cerca o céu contém estruturas vivas semelhantes a protozoários. As dezesseis esferas de quatro cores no círculo contíguo provêm de um tema originário de olhos e representam, portanto, a consciência observadora e diferenciadora. Assim também os ornamentos que se abrem para dentro do círculo seguinte significam aparentemente receptáculos, cujo conteúdo é despejado em direção ao centro. Os ornamentos no círculo mais externo abrem-se inversamente para fora, a fim de receber algo do exterior. No processo de individuação as projeções originárias refluem para dentro, isto é, são novamente integradas na personalidade. Em contraste com a imagem 25, o "em cima" e o "embaixo", bem como o "masculino" e o "feminino" aqui estão integrados, como no hermaphroditus alquímico (OC 9/1, § 682).

A figura no topo é Filêmon, e a figura no fundo é Ka.

Imagem 109, *LN*. A legenda diz: "Esta pessoa feita de matéria subiu demais para dentro do mundo do espírito, mas lá o espírito perfurou-lhe o coração com o raio de ouro. Ela entrou em êxtase e se desagregou. A serpente, que é o mal, não podia permanecer no mundo do espírito".

dieſ menſch auz stoff stieg z' weit empor in die welt d' geiſt'/ dort ab' durˀbohrte ihm d' geir das herz mit d' gold-
strahl. er fiel in entzückv̈ o löste ſr auf. die ſchlange/ die das böſe iſt/ konte nicht in d' welt d' geiſter bleib'·

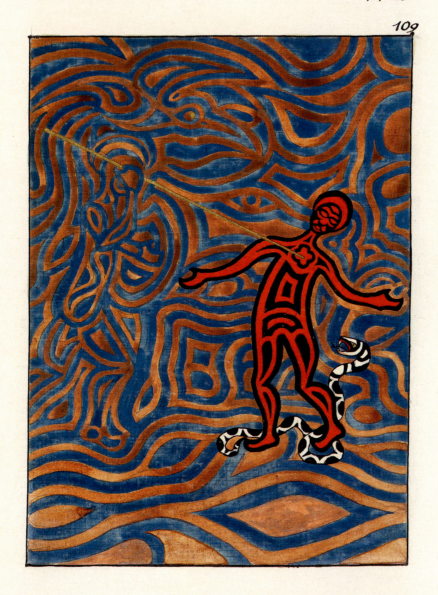

109

Imagem 111, *LN*. A legenda diz: "A serpente caiu morta na terra. E isso foi o cordão umbilical de um novo nascimento".

die schlange fiel tot auf die erde. v das war die nabelschnur ein neu-geburt.

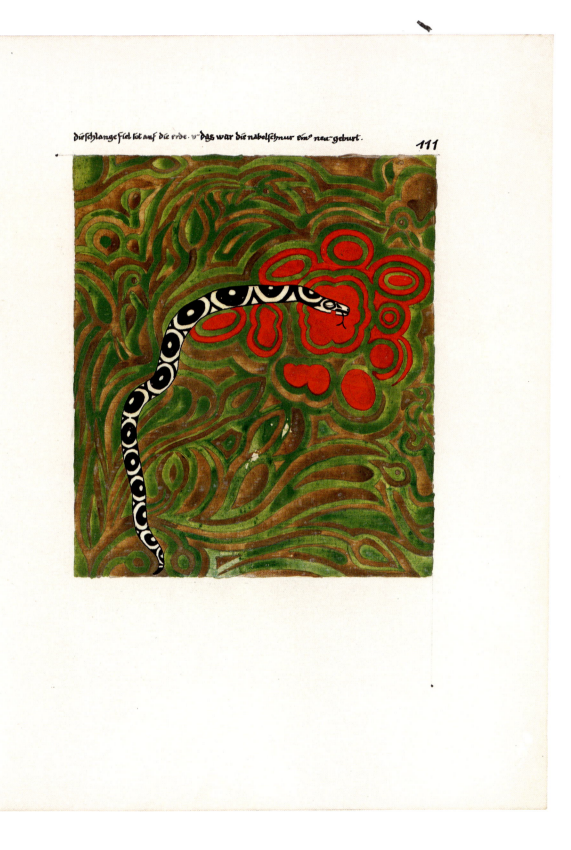

Imagem 113, *LN*. A legenda diz: "Esta é a imagem da criança divina. Ela significa a conclusão de um longo caminho. Quando a imagem foi terminada em abril de 1919 e o trabalho na imagem seguinte já tinha começado, aquele que trouxe o Θ veio, como ΦΙΛΗΜΩΝ [FILÊMON] tinha predito para mim. Eu o chamei ΦΑΝΗΣ [FANES], porque ele é o Deus recém-aparecido".

dies is d bild d göttlich Kinds. es bedeutet die vollend' ein' lang' bahn. gerade als das bild im april MCMXIX beendet war/u' d nächste bild bereits begonn' war/ kam die/die das Obracht/das mir PHILEMON vorausgesagt hätte. i' nañte ihn PHANES/weil er d neuerscheinende gott is.

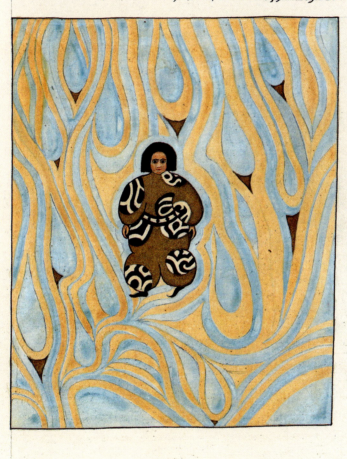

Imagem 117, *LN*. Texto na imagem: ATMAVICTU; iuvenis adiutor (um apoiador juvenil); ΤΕΛΕΣΦΟΡΟΣ (TELÉSFORO); spiritus malus in homnibus quibusdam (espírito maligno em alguns homens). A legenda diz: "O dragão quer comer o sol, e a juventude implora para que ele não o faça. Mas ele o come mesmo assim".

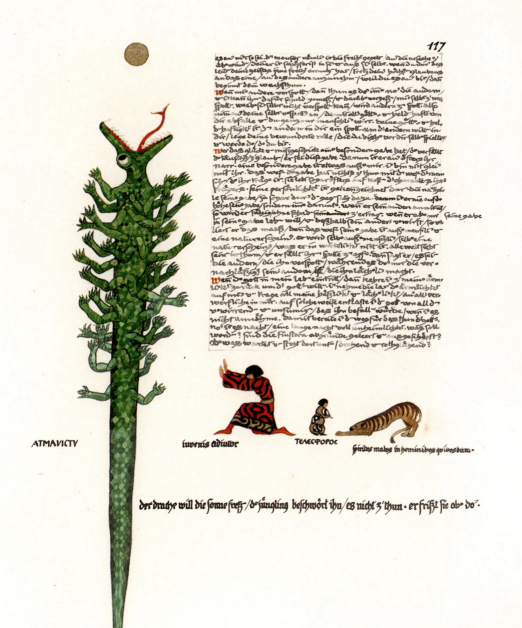

der drache will die sonne fress, d° jüngling beschwört ihn / es nicht z'thun · er frißt sie ob do°.

Imagem 119, *LN*. A legenda diz: "O dragão amaldiçoado comeu o sol, sua barriga está sendo aberta, e agora ele deve entregar o ouro do sol, juntamente com seu sangue. Esta é a conversão de Atmavictu, o velho. Ele que destruiu a cobertura verde proliferante é o jovem que me ajudou a matar Siegfried".

Imagem 121, *LN*. A legenda diz: "XI. MCMXIX [11. 1919] Esta pedra, tão lindamente engastada, é certamente a Lapis Philosophorum. É mais dura do que diamante. Mas ela se expande no espaço através de quatro qualidades distintas, ou seja, amplitude, altura, profundidade e tempo. Daí é invisível, e você pode atravessá-la sem perceber. Os quatro rios de Aquário fluem da pedra. Esta é a semente incorruptível que se encontra entre o pai e a mãe e impede que as cabeças de ambos os cones se toquem; é a mônada que contrabalança o pleroma".

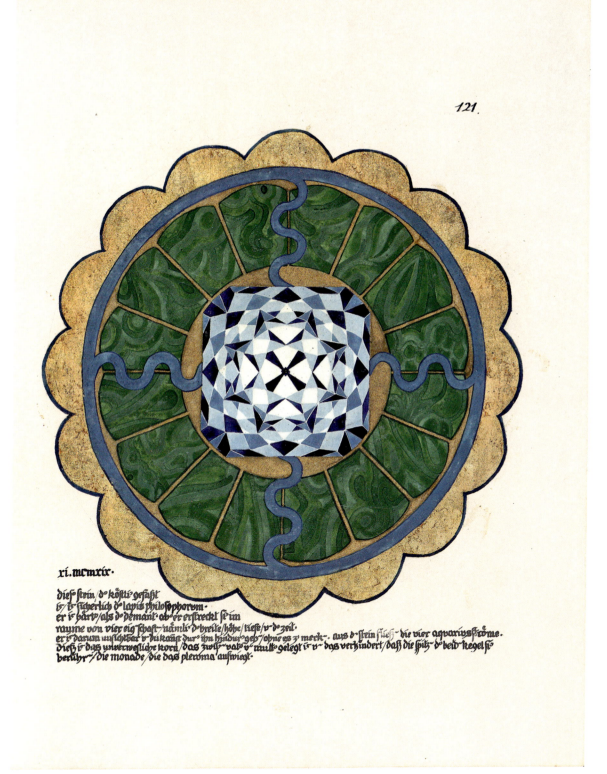

xi. mcmxix.

dieſſ ſtein/ d‿ köſtl‿ gefaßt
iſt/ iſt ſicherlich d‿ lapis philoſophorum.
er iſt hart/ als d‿ demant ob‿ er erſtreckt ſi͂ im
raume von vier eigẽſchaft— nämli‿ d‿ breite/höhe/tiefe/u‿ d‿ zeit.
er iſt darum unſichtbar u‿ du kanſt dur‿ ihn hindur‿ gehn/ohne es z‿ merk‿. aus d‿ ſtein fließ‿ die vier aquariusſtröme.
dieß iſt das unverweſliche korn/das zwiſ‿ vat‿ u‿ mutt‿ gelegt iſt u‿ das verhindert/daß die ſpitz‿ d‿ beid‿ kegel ſi‿
berühr‿/die monade/die das pleroma aufwiegt.

Ka, cerca de 1920
Madeira esculpida, pintada
21 × 4 × 4 cm
JFA

Imagem 122, *LN*. A legenda diz: "4 dezembro MCMXIX [1919]. Este é o verso da joia. Ele que está na pedra tem esta sombra. Este é Atmavictu, o velho, após se retirar da criação. Ele retornou para a história infinita, onde ele teve seu início. Mais uma vez, tornou-se resíduo de pedra, tendo completado sua criação. Na forma de Izdubar, ele cresceu mais do que o homem e libertou dele ΦΙΛΗΜΩΝ e Ka. ΦΙΛΗΜΩΝ deu a pedra, Ka, o Θ".

Imagem 123, *LN*. A legenda diz: "IV jan., MCMXX [1920]. Este é o lançador de água sagrada. Os cabiros nascem das flores que brotam do corpo do dragão. Acima está o templo".

Imagem 125, *LN*.

Imagem 127, *LN*. A legenda no topo diz: "Amor triumphat" (O amor triunfa). A legenda no fundo diz: "Esta imagem foi completada em 9 de janeiro de 1921, após ter permanecido incompleta por 9 meses. Ela expressa não sei que tipo de tristeza, um sacrifício quádruplo. Eu quase poderia ter escolhido não a terminar. É a roda inexorável das quatro funções, a essência de todos os seres vivos imbuídos de sacrifício".

amor triumphat·

dieß bild wurde beendet am 9 Januar 1921/nachd~ es an die 9 monate unvollendet gewartet hatte. es drückt/i~ weiß nicht/was für eine trauer aus/ein vierfach~ opf~. i~ konte mi~ beinahe nicht entschließ~/es zu beendig~. es i~ das unerbittliche rad d~ vier function~/das opf~ erfüllte wesen all~ lebendig~.

Imagem 154, *LN*: Comentário à margem: "A bhagavadgita diz: sempre que há um declínio da lei e um aumento de iniquidade, então eu me manifesto. Para o resgate dos piedosos e para a destruição dos malfeitores, para o estabelecimento da lei, nasço em cada era". A citação é do capítulo 4, versículos 7-8, da *Bhagavad Gita*. Krishna está instruindo Arjuna sobre a natureza da verdade.

154

The bhagavadgita says: whenever then is a decline of the law and an increase of iniquity / then I put forth myself. For the rescue of the pious and for the destruction of the evildoers / for the establishment of the law I am born in every age.

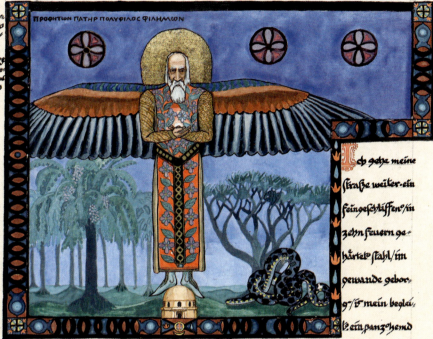

Ich gehe meine Straße weiter·ein feingeschliffen·in zehn feuern ge härtet· stahl / im gewande gebor gˀ / iſt mein beglei ter·ein panzˀhemd liegt mir um die bruſt·heimlı̆ untˀ dˀ mantel getragˀ·üˀ nacht gewañ ı̆ die ſchlangˀ lieb·ı̆ habe ihrˀ rätſel errathˀ·ı̆ ſetze mı̆ˀ zˀ ihn auf die heiſſˀ ſteine am wege·ı̆ weiß ſie liſtig ˠˀ grauſam zˀ fangˀ / jene kaltˀ teufel / die dˀ ahnungsloſˀ in die ferſe ſtechˀ·ı̆ bin ihr freund gewordˀ ˠˀ blaſe ihnˀ eine mildtönende flöte·meine höhle abˀ ſchmücke ı̆ mit ihrˀ ſchillerndˀ häutˀ·wie ı̆ ſo meinˀ wegˀ dahinſchritt / da kam ı̆ zˀ einˀ röthlichˀ felſˀ / darauf lag eine große buntſchillerˀde ſchlange. da ı̆ nun beim großˀ ΦΙΛΗΜΩΝ die magie ge lernt hatte / ſo holteˀ ı̆ meine flöte hervor ˠˀ blies ihr ein ſüßˀ zauberlied vor das ſie glaubˀ machte / ſie ſei meine ſeele. als ſie genügend bezaubert war /

Imagem 159, *LN*. Jung reproduziu isso anonimamente em 1929, em "Comentário sobre *O segredo da flor de ouro*" e o reproduziu novamente em 1952, acrescentando o seguinte comentário: "A rosa no centro é retratada como um rubi, seu círculo externo sendo concebido como uma roda ou um muro com portões (para que nada possa sair de dentro ou entrar de fora). A mandala foi um produto espontâneo da análise de um paciente". Após narrar o sonho do paciente, Jung acrescentou:

> O sonhador diz: "Tentei pintar este sonho; mas, como de costume, saiu algo bem diferente. A magnólia tornou-se um tipo de rosa de vidro e sua cor era de um rubi claro. Ela brilha como uma estrela de quatro raios. O quadrado representa o muro que cerca o parque e ao mesmo tempo uma rua que circunda o parque quadrado. Neste começam quatro ruas principais e de cada uma saem oito ruas secundárias, as quais se encontram num ponto central de brilho avermelhado, à semelhança da Étoile de Paris. O conhecido mencionado no sonho mora em uma casa de esquina, numa dessas Étoiles". A mandala reúne, pois, os temas clássicos: flor, estrela, círculo, praça cercada (temenos), planta de bairro de uma cidade com uma cidadela. "O todo me parece uma janela que se abre para a eternidade", escreve o sonhador ("O simbolismo da mandala", OC 9/1, § 654-655).

Em 1955-1956, Jung usou uma expressão semelhante: "'janela' que se abre para a eternidade", para denotar a ilustração do Si-mesmo (*Mysterium Coniunctionis*, OC 14/2, § 418).

Em 7 de outubro de 1932, Jung mostrou esta mandala num seminário e comentou sobre ela no dia seguinte. Nesse relato, ele afirma que a pintura da mandala *antecedeu* o sonho:

> Talvez vocês se lembrem da imagem que eu lhes mostrei na noite passada, a pedra central e as pequenas joias em torno dela. Talvez seja interessante se eu lhes contar sobre o sonho em conexão com ela. Eu fui o perpetrador daquela mandala num período em que não tinha a menor ideia do que era uma mandala e, em minha extrema modéstia, pensei: eu sou a joia no centro, e aquelas pequenas luzes são certamente pessoas muito boas que acreditam que também são joias, mas menores [...]. Eu tinha uma imagem muito boa de mim mesmo por ser capaz de me expressar assim: meu centro maravilhoso aqui, e eu estou bem no meu coração.

d. ix januarii año 1927 obitt Hermaños Sigg aet.s. 52 amicus meus.

Acrescentou que, a princípio, não reconheceu que o parque no sonho era o mesmo que ele tinha retratado na mandala e comentou: "Agora, Liverpool é o centro da vida – *líver*, o fígado, é o centro da vida – eu não sou o centro, eu sou o tolo que vive num lugar sombrio em algum lugar, eu sou uma daquelas pequenas luzes laterais. Dessa forma, meu preconceito ocidental de que eu era o centro da mandala foi corrigido – de que eu sou tudo, todo o espetáculo, o rei, o Deus" (SHAMDASANI, S. (org.). *The Psychology of Kundaliní Yoga*, p. 100). Em *Memórias*, Jung acrescentou detalhes adicionais (p. 203).

Imagem 163, *LN*. A legenda diz: "1928. Quando pintei esta imagem, que mostrava o castelo dourado bem fortificado, Richard Wilhelm me enviou de Frankfurt o texto chinês de mil anos de idade do castelo dourado, o embrião do corpo imortal. *Ecclesia catholica et protestantes et seclusi in secreto. Aeon finitus*" (A Igreja Católica e os protestantes e aqueles reclusos em secreto. O fim de um éon).

Jung reproduziu isso anonimamente em 1929 em "Comentário sobre O *segredo da flor de ouro*". Ele o reproduziu novamente em 1952, em "O simbolismo da mandala", e acrescentou o seguinte comentário:

Representação de uma cidade medieval, com muralhas e fossos de água, ornamentos e igrejas numa disposição de quatro raios. A cidade interna também é cercada de muros e fossos, semelhante à cidade imperial em Pequim. Toda a construção abre-se aqui em direção ao centro, representado por um castelo com teto de ouro. Este é cercado também por um fosso de água. O chão em torno do castelo é coberto de ladrilhos pretos e brancos. Eles representam os opostos que assim se reúnem. Esta mandala foi feita por um homem de idade madura [...]. Tal imagem não é estranha na simbologia cristã. A Jerusalém celeste do Apocalipse de São João é conhecida por todos. No mundo das ideias indianas encontramos a cidade de Brahma no Monte Meru, montanha do mundo. Podemos ler na *Flor de ouro*: "O *Livro do Castelo Amarelo* diz: 'No campo de uma polegada quadrada da casa de um pé quadrado podemos ordenar a vida'. A casa de um pé quadrado é a face. Na face o campo da polegada quadrada o que poderia ser senão o coração celeste? No meio da polegada quadrada mora a glória. Na sala púrpura da cidade de jade mora o Deus do vazio supremo e da vida". (OC 9/I, § 691).

Sobre esta mandala, consulte a tese de John Peck, *The Visio Dorothei*: Desert Context, Imperial Setting, Later Alignments: Studies in the Dreams and Visions of Saint Pachomius and Dorotheus, Son of Quintus (Zurique: C.G. Jung Institute, 1992, p. 183-185).

1928. als i diess bildmalte, welchs das goldene wohlbewehrte schloss zeigt, sandte mir Richard Wilhelm in Frankfurt d- chinesisch- tausend Jahre alt- text vom g eib- schloss, d- keim d- unsterblich- körpers. ecclesia catholica et protestantes et sclusi in secreto. aeon finitus.

Índice*

Abraxas **1** 48, 68, 109, *130*;
   5 274; **6** 212, 213, 225,
   227, 228, 254, 260, 261,
   280, 297; **7** 178
   como curador e senhor
     do mundo material
     5 275-276, 278,
     279-280; **6** 212, 214
   como efetividade **6** 212,
     220; **7** 226
   como união do Deus
     cristão e Satanás **5** 274
   experiência do "eu" com
     6 217-219
   medo de **5** 274-275, 276,
     277, 278-280
   na cosmologia **5** 270,
     274-277
   sermões do "eu" aos
     mortos sobre **6** 212-215
Abraxas (Dieterich) **1** 50;
   2 169n.
Absoluto, vida *vs.* **4** 243-244
Abstinência de emoções
   humanas **6** 221-222, 229,
   249n.
"Adaptação" (Jung) **1** 53;
   6 224n.
Adler, Alfred **1** 17; **6** 252n.
África
   viagem de Jung em 1925 à
     1 90; **7** 234
Agni **6** 260
Agnihotra **3** 133n.
Agostinho, Santo **1** 21;
   2 152n., 157
Áion (Jung) **1** 70; **5** 269n.,
   283n.; **6** 213n., 235n.;
   7 214n.
Alcorão **6** 298n.

Alegria **2** 203; **4** 244, *251*,
   253; **5** 237, 253; **6** 276,
   280; **7** 147, 184, 213
   sofrimento e **4** 238;
     5 218; **6** 255, 256; **7** 192,
     193, 194, 219
Além do bem e do mal
   (Nietzsche) **2** 172n.;
   7 147n.
Alma **1** 41
   assassinato da **1** 45
   celestial **5** 270
   como *anima* (feminino)
     em homens e *animus*
     (masculino)
   devir das, caminho
     tortuoso do **4** 236
   em mulheres **1** 75
   multiplicidade da **6** 237
   persona vs. **1** 74
   renascimento de Deus na
     1 40, 41, 84
   cf. tb. *Anima; Animus*
"Alma e morte" (Jung) **1** 103
Alquimia **1** 105, 108-109,
   110; **4** 229n.-230n.;
   7 163n.
Amônio (figura da fantasia)
   1 88; **3** 100-107, 108,
   109-113, 116-119
Amor **4** 274; **5** 211, 222, 251;
   6 235; **7** 162, 164
   anima sobre a natureza do
     4 273-276
   celestial *vs.* terreno **4** 258
   coroa dourada e **4** 255-261
   de Cristo, humanidade
     carece do **6** 233
   de dentro para fora
     (indireto) **5** 207

   de Salomé, rejeição pelo
     "eu" do **2** 181, 183-184,
     190; **4** 249-254
   desejo da *anima* por
     5 266; **6** 277
   do "eu" por mulheres
     1 60; **2** 153, 156; **7** 161-162,
     175, 185-186, 195-196
   do Si-mesmo **5** 207,
     238-240
   pelo "eu", *anima* carece de
     7 162-163
Anabatistas **4** 207, 207n.,
   209, 210
Anacoreta (figura da fantasia)
   5 231-232
   cf. tb. Amônio
Anacoretas **3** 99, 113n.
Anel do Nibelungo, O (Wagner)
   2 175n.
Anfortas **4** 218, 219n.
Anima (alma) **1** 22, 44, 48,
   71, 89, 115-117; **2** 164-165,
   215; **3** 99
   acusação de roubo pelo
     "eu" contra a **5** 264-265
   alegria e sofrimento
     suportados pela **6** 256
   alto e baixo unidos na
     5 270
   amor do "eu" desejado
     pela **5** 261; **6** 277
   aparência de um elfo da
     1 17n.
   a perplexidade do "eu"
     diante da **2** 179
   ascensão ao céu da **1** 34;
     5 212-213, 217, 225,
     227-228, 233, 264

---

* Os números em negrito se referem ao número do livro; os números em itálico indicam as ilustrações; a letra "n." após os números remete às notas.

como contraparte da
persona 1 52-53
como *daímon* 5 258-259
como filha da mãe
celestial 7 166, 167,
186-187
como incapaz de amar
"eu" 7 162-163
como irmã de Salomé
7 191n.
como mãe 5 277; 6 217,
218-219, 238, 300; 7 167
como moça 2 151-153
como pássaro 6 238
como pássaro branco
4 258, 260; 6 238, 301
como ponte a Abraxas
6 261
como prisioneira do "eu"
5 259, 261, 262, 263;
6 288
como Salomé 2 187-189;
6 300; 7 185-186
como serpente 6 217,
218, 238, 301
como singular a cada
pessoa 5 213
como única mulher do
"eu" 6 256, 257
confiança exigida pela
2 154-155, 156-158,
164-165, 168-169,
170-171; 6 248
conto do rei e filho
contado pela 4 269-272
coração do "eu" tomado
pela 6 253-254, 256,
259, 261
cosmologia da 1 48;
5 269-272, *273*, 274-277;
6 254
descida para as
profundezas da 7 208
desconfiança do "eu" em
relação à 2 155-156,

157-158; 4 248; 5 281;
6 287-288; 7 174, 218
Deus descrito pela 1 48
diabo convocado pela
5 280-281
diálogo de Ha com
7 149-157
diálogos do "eu" com 1 27,
58, 78-79, 81, 95-96;
2 149-158, 164-165,
171-173, 204; 3 134-136;
4 211-212, 220-228,
234-245, 246-249,
253-258, 261-265,
269-276; 5 203-204,
215, 225-226, 228,
233-234, 257-272,
274-283; 6 213, 215-219,
235, 240-244, 247-267;
7 148, 157, 162-187,
189-191, 193-200,
205-222, 226-229, 230,
233, 235, 243-245,
246-248
divindade da 5 258, 259,
262
dureza roubada do "eu"
pela 6 251
em mandalas e imagens
1 *134*
"eu" como pertencente à
5 224
"eu" é encorajado a
completar sua obra pela
4 271-272, 273; 5 229;
6 248, 281, 283, 286;
7 181, 220
"eu" é encorajado a criar
tempo para o projeto do
livro de sonhos pela
7 216-217
"eu" é encorajado a estar
ao ar livre com homens
pela 7 181-182
"eu" é encorajado a

gastar menos tempo
com pacientes pela
7 217, 219
"eu" é instruído a entrar
no fogo sagrado pela
5 280
"eu" grávido com filho da
5 213
evolução do conceito de
Jung da 1 60-61; 7 193n.
Filêmon e 6 299-300;
7 184, 191
"I" forçado a encarar a
morte de criança morta
por 3 134-136
imagens de destruição em
massa reveladas pela 1 38
integração da 1 95-96,
100-101
lamentações da 6 277-279
Livros Negros como
registro da 1 11
medo da 5 258-259, 270
morte 1 95-96; 7 234
natureza da 5 258-259
natureza tripartida da
1 69; 5 270
necessidade de diálogo
com 1 101
objetificação da 1 101-102
o menosprezo pelo "eu"
da 6 261-262
papel de mãe rejeitado
pela 2 166
persona vs. 1 74; 7 193n.
presente do carneiro ao
"eu" 5 205n.
publicação dos relatos de
fantasia encorajada por
1 80-81
reconexão com 1 41, 42,
53, 101; 2 149-153;
5 258-259
Satanás convocado por
4 240, 241n., 244

163 [v. I]

silêncio de **2** 152, 159;
  5 263; **7** 234
sobre amor **4** 273-276
sobre a necessidade dela
  do "eu" **1** 70
sobre a relação da
  humanidade com
  deuses **1** 70-71
sobre a relação do "eu"
  com Emma Jung **7** 214,
  215-216
sobre banalidade
  4 235-236
sobre brilho dourado em
  volta do "eu" **6** 269-270
sobre busca da verdade
  2 167-168
sobre caçador ruivo
  (Wotan) **7** 227, 229
sobre compaixão **5** 227
sobre "eu" e Si-mesmo
  7 248
sobre Fanes **7** 176-181
sobre incerteza **4** 262-263
sobre jovem árabe **1** 77-78;
  7 211-212, 225-226
sobre Ka **7** 184-185
sobre loucura **4** 211-212
sobre nova religião **1** 81;
  7 210-211
sobre o autodesprezo do
  "eu" **2** 167-168
sobre o desprezo do "eu"
  pelas mulheres **7** 207
sobre o relacionamento
  do "eu" com amigos
  7 212
sobre o relacionamento
  do "eu" com mulheres
  1 60, 95; **2** 153-155;
  6 255, 257-259, 281;
  7 161-162, 163, 175,
  185-187, 195-196
sobre o relacionamento
  do "eu" com Wolff

7 207-209, 212, 214,
  217, 219
sobre relacionamentos
  7 212, 215
sobre sexualidade **6** 253
sobre sinais mágicos
  6 263
sobre vida e viver
  4 247-248
sombra como alma de
  6 272-273
totalidade da cultura
  humana oferecida ao
  "eu" pela **4** 220-221
um ser ctônico **6** 216-217
vara mágica oferecida ao
  "eu" pela **4** 223, 253,
  256-257
voz da **1** 21-22
Anímus (alma) **1** 71, 100
Anticristo **7** 214, 214n.
Antônio Pio **7** 244
Antônio, Santo **3** 113n.
Antropologia comparativa **1** 14
Apología (Platão) **7** 171n.
Aprofundamentos (Jung) **1** 34,
  43, 68-70; **5** 215n.;
  7 157n., 161n., 166n.,
  177n.
  comentários de Filêmon
  em **1** 68; **7** 161n.
"A psicologia do sonho"
  (Jung) **5** 203n.
Aquino, Tomás de **6** 213n.
"A relação entre psicologia
  analítica e obras literá-
  rias" (Jung, palestra) **1** 75
Aristófanes **2** 169n.
Aristóteles **6** 213n.
Arjuna **1** *156*
Arquétipos **1** 82
Arte **6** 283
  a relutância de Jung
  de ver os produtos do
  inconsciente como
  1 21-22, 62, 66, 72-73,
  82; **2** 175

ciência *vs.* **6** 265
psicologia e **1** 89
Ártemis **7** 206
Árvore
  da luz **1** 98-99, *130*;
  6 255, 260, 261, 265, 267
  da vida **1** *130*; **4** 257;
  5 257; **6** 219, 220
Árvores **1** 28; **4** 214
"As etapas da vida humana"
  (Jung) **1** 103
Assím falava Zaratustra
  (Nietzsche) **1** 40, 66n.,
  80, 81, 107; **2** 157n.;
  5 206n., 238n., 254n.;
  6 210n., 252n., 275n.;
  7 160n.
Associação de Psicologia
  Analítica **1** 33, 35, 47,
  52, 74; **5** 235n., 280n.;
  6 228n., 245n., 247n.,
  248n.; **7** 170n.
Associação Psicanalítica
  Internacional **1** 11, 34, 35
Astarte **1** 76
Astrologia **6** 282n.; **7** 214n.
Atmã/Brahmã **1** 66n., 74
Atmavictu (figura da
  fantasia) **1** 70, 142, 144,
  148; **6** 272n., 289, 289n.,
  290-291, 300; **7** 157n.
  encarnações de **6** 290,
  291-292, 294, 295
  união de Filêmon e
  6 296, 299; **7** 148
Auch Einer (Vischer) **3** 130
Authentic Dreams of Peter Blobbs
  (Hubbard) **7** 203n., 240n.
Autoconfiança **2** 168-169;
  6 248
Autoconhecimento **1** 41, 46
Autoconsciência **5** 241n.
Autocrítica **2** 157
Autoestima **5** 216, 220, 222,
  223
Autoexperimentação, por
  Jung **1** 33, 36, 52, 53-54,
  88, 91, 107

como modelo para a
psicoterapia I 91-94
como modelo para
pacientes I 93
fantasias e I 15, 19-20
Lívros Negros como
registros de I 11, 24, 39;
2 172
Autoexperimentação, uso
difundido da I 19-20, 26

Bailey, Ruth I 90, 106
banalidade 2 207-210;
4 238, 247; 6 277
Basílides 5 283n.-284n.
Baucis (figura da fantasia)
4 228, 230; 6 246, 288
Baynes, Cary de Angulo I 48,
84, 85, 88, 106n., 108,
116; 6 299
Baynes, Peter I 82, 90;
6 298n.
Beckwith, George I 90
Bendel, Heinrich 2 162
Bendel-Rauschenbach, Anna
Barbara 2 162
"Bergson and Libido Theory"
(Keller) 5 203n.
Bergson, Henri 4 206;
5 203n., 274n.
Berkeley, George 7 191n.
Besouros 3 108
Bhagavad Gíta I 156; 5 205n.
Bibliotecário (figura da
fantasia) 4 208, 217-218
Biegel, Rebekka Aleida 6 282n.
pássaro/garota (figura
onírica) I 16-17, 29;
2 156
Bjerre, Poul I 47
Bleuler, Eugen 6 285n.
Bollingen I 94; 4 229n.;
7 233n., 237n.
Bowditch Katz, Fanny
I 63-64, 65
Brâman/Atmã I 66n., 74
Branca 6 259; 7 161-174
Moltzer como a I 60, 66
Brígida da Suécia I 45

Brimo 5 245-246
cf. tb. Mãe celestial
Brunner, Theodore 7 235, 238
Buda, budismo I 111; 2 187;
6 221n., 249; 7 158n.-159n.,
171, 172n., 180, 236
Buonaiuti, Ernesto I 111
Burckhardt, Jacob I 14
enterro 5 248-249

Cabala 4 230n.
Cabiros I 150; 4 244n.;
6 282n.
Caça às bruxas 6 252
Caçador ruivo (Wotan) I 79;
7 227-228, 229-230
Caderno de anotações
marrom (Jung) I 20
Cândído (Voltaire) 4 221n.
Caos interior 5 206-207, 208
Carneiro, presente da *anima*
ao "eu" 5 204-205
Casamento, crítica de Wolff
ao I 31
Castelo 2 199, 205-206
dourado I 104, *160*;
6 286, 288, 291
Cerimônia 5 254-255,
268-269
Cherubínic Wanderer (Silesius)
7 176n., 178n.
Cícero 4 209, 229n.
Ciência 6 265, 283
arte *vs.* 6 265
como escolástica 5 232
como veneno 3 121-123,
124, 126
compromisso do "eu" com
3 130; 4 204; 5 232
consolo espiritual *vs.* 4 204
crença *vs.* 3 125; 4 204
magia *vs.* 4 224-225
mitologia *vs.* I 14
psicologia analítica como
fusão de revelações da
fantasia e I 112
revelações da fantasia *vs.*
I 110; 2 171; 3 99, 121,
122, 123-124, 126, 130

Cinema 2 211-213
Circe 7 187
Civilização, conversas do "eu"
com pastor sobre
4 265-268
Clube Psicológico I 51, 74,
84-85, 88, 104; 5 203n.;
6 224n., 228n.; 7 177n.,
205n., 245n.
fundação do I 46-47
renúncia de Moltzer do
I 65
retorno de Jung ao I 85
ruptura de Jung com I 82
seminário sobre análise
de sonhos de Jung no
I 106
Collectanea adagiorum (Erasmo)
I 13; 5 213n.
"Comentário sobre *O segredo
da flor de ouro*" (Jung)
I 62, 103, 105, *134*, *158*, *160*;
2 167n.
Commedia (Dante) I 40;
7 170n.
Compaixão 5 227, 263; 6 222
Compreensão, magia como
antítese à 4 233
Comunhão 4 236
solidão e 7 200
Comunidade 6 224-225
Conferência Internacional de
Psicanálise (1911) I 28
Conferências Eranos I 111, *130*
Confiança
anima exige 2 154-155,
156-158, 163-164,
168-169, 171; 6 248
do Si-mesmo 2, 168-169;
6 248
Confissões (Agostinho) 2 152n.,
157n.
Congresso Psicoanalítico de
Munique (1913) I 17
Conhecimento
como prejudicial às
revelações de fantasias
2 171, 173-174, 186;
3 122-123; 7 216
crença *vs.* 5 229n.

Consciência
esvaziamento da 1 24-25
integração do inconsciente
coletivo e 1 42
origens da 1 90
Consolo, sacrifício do
4 223-225, 226
Constable, Giles 3 137n.
Conto de fadas, fantasia de
Jung de 2 204-211
"Contribuições históricas
para a questão dos tipos"
(Jung) 6 245n.
*Contribuições para a psicologia
analítica* (Jung) 1 106
Corbin, Henry 1 111
Coroa dourada 4 255-261
Corpus hermeticum 4 230n.
Corrie, Joan 1 59; 6 227n.
Corti, Walter 1 130
Corvo (figura da fantasia)
4 258-259, 273
Read, Herbert 3 136n.
Cory, Isaac 6 261n.
Cozinheiro (figura da
fantasia) 4 205-207, 217
Crença
conhecimento (ciência) *vs.*
3 124-125; 5 229n.
fraca *vs.* forte 5 228n.
Criação
Abraxas sobre 6 212
como eterna e
onipresente 6 208
Deus como distinto da
6 211
diferenciação como
objetivo da 6 220
Sermões do "eu" aos
mortos sobre 6 207
Criador, como criança
4 271-272
Criança (figura da fantasia/
sonho) 1 16-17, 71;
3 134-136
Criança divina (figura da
fantasia/sonho) 1 59,
130, 140; 2 151; 6 227n.
nascimento da 2 178-179
cf. tb. Jovem árabe; Fanes

Crianças, fantasia e 1 14
Criatividade 4 271
Criaturas como produtos da
diferenciação 6 208
Cristianismo 1 41, 48, 108;
2 200-201; 3 100n., 111;
4 204-207; 5 238, 257;
6 252; 7 157, 178
anacoretas no 3 99, 113n.
deserto e 2 165
distinção entre
ensinamentos de Jesus e
1 83
psicologia e 7 171n.
Crucificação 4 227, 251, 256,
261; 5 226, 257; 6 217,
218, 240; 7 161, 180, 197
Cruz 1 28; 2 195-196; 4 227;
6 240
Culpa 2 177, 186; 3 135
"Culpa" (Jung) 6 247n.
Cultura humana, presente da
anima ao "eu" da 4 220-221

Daímons 5 258-259, 260-261,
266, 271
Dante Alighieri 1 40;
2 193n., 198; 4 203n.;
7 170n.
Das Zeitalter Sonnengottes
(Frobenius) 3 131n.
Elias como porta-voz dos
6 266
"eu" encorajado a
completar sua obra
pelos 5 250, 251
fogo necessitado pelos
6 266
invocação sacrificial dos
1 118-119
mortos 1 78; 3 114-115;
4 207-208, 209,
246-247; 5 231-232,
241-252
na cosmologia da *anima*
5 272
necessidade de comunhão
com 5 255-256
necessidade de encontros
com 1 47-48

nos sonhos de Jung
2 156, 160
orações para 5 255-257
Salomé acompanhada por
7 185-186, 187
sangue do "eu" exigido
por 5 243-245, 246,
247, 248
sermões do "eu" aos
mortos 5 284-285;
6 207-215, 219-221,
223, 226-227
De Angulo, Jaime 1 81, 86
Dehmel, Richard 5 203
Dementia praecox 2 158n.
Desaprender 3 105
Descrença 5 228-229; 6 274
cf. tb. Crença
Desejo, abandono do 2 167
Deserto 1 90; 2 163-165, 172;
3 100-101, 107, 109, 110
Desprezo próprio, de Jung
2 167-168
Destruição em massa,
imagens de 1 38
Deus(es) 1 13, 23, 50; 3 99,
125
alma como renascimento
de 1 40, 41, 83
celestial *vs.* terreno
6 223-224
como distante 5 218
como mestre 5 253
como renascido no
Si-mesmo 1 68, 102;
5 239-240; 6 227n.
como singularmente
internalizado em cada
indivíduo 5 275-277;
6 226, 238
como *Summum Bonum* 6 213
conceito de Eckhart de
7 176n.
criação e 6 211
diálogo do "eu" com
5 252-257
força renovada de
5 251-252
fusão de Satanás e 4 239,
240

interior; cf. Fanes
jovem árabe como;
   cf. Jovem árabe
misericórdia de **4** 206
morte de **1** 40, 41; **6** 237,
   238
multiplicidade de **5** 275,
   277; **6** 220, 237,
   238-239, 255
na cosmologia da *anima*
   1 48; **5** 270, 271, 272,
   274-277
obediência do "eu"
   exigido por **6** 242-243
plenitude como essência
   de **6** 212
Pleroma e **6** 211-212
relação da humanidade
   com **1** 70-71
sacrifício exigido por
   6 276-277
sermões do "eu" aos mortos
   sobre **6** 210-215,
   220-221, 223
sofrimento de **6** 241-242
suposta morte de
   6 210-211
cf. tb. Abraxas; Criança
   divina
Dhamma-Kakka-Ppavattana Sutta
   (Buda) **7** 158n.
Diabos **1** 45, 69; **2** 153, 165,
   174, 199; **3** 119; **4** 213;
   5 281; **6** 219, 244, 263
convocação pela *anima* dos
   5 280-281
sermão do "eu" aos mortos
   sobre **6** 210-211,
   219-220, 223
vazio e **6** 211
cf. tb. Satan
Diálogo, em fantasias
   1 24, 55-56
Dieterich, Albrecht **1** 50;
   2 169n.
Diferenciação **5** 271-272;
   6 215, 223
como essência da
   humanidade **6** 208-209,
   224

como objetivo da criação
   6 208, 220
do "eu" do Si-mesmo
   7 182
sermão aos mortos sobre
   6 208-212
Dioniso **1** 78, 80; **2** 151, 163;
   7 207
Discursos em defesa de Públio Sexto
   (Cícero) **4** 229n.
Divindade
   da *anima* **5** 248, 259, 262
   internalizada **1** 45-46;
   5 203n., 227, 230, 234
   cf. tb. Fanes
Dodge, Mabel **1** 86
Dominus mundi **1** *130*
Donzela (figura da fantasia/
   sonho) **1** 71; **2** 207-211;
   3 133; **7** 202
   cf. tb. Salomé
Doyle, Arthur Conan **1** 19
Doze, significado de
   em sonhos e fantasias
   1 16-17
Dragão **6** 272
   cf. tb. Atmavictu
Du **1** *130*
Dureza, anima rouba do "eu"
   a **6** 251
Dúvida; cf. Descrença

Ecce Homo (Nietzsche)
   4 223n.
Eckhart, Mestre **1** 74, 83;
   2 161n., 167n.; **7** 176n.
Efetividade
   Abraxas como **6** 212,
   220; **7** 226
   de Ka **7** 182-183
Egyptian Heaven and Hell, The
   (Wallis Budge) **5** 244n.
Eliade, Mircea **1** 37, 111
Elias (figura da fantasia) **1** 23,
   33-34, 57, 58, 70, 116;
   2 180-183, 186-192;
   4 249-254; **6** 235-236,
   266
   cegueira de **2** 181

como Mime **2** 193-194
como pai do "eu" **2** 190
como porta-voz dos
   mortos **6** 266
como ser real *vs.* simbólico
   2 183, 188, 190
cristal de, visões de Jung
   em **2** 195-197
e morte de Deus **6** 237
"eu" drena força de **6** 236
explicação do "eu" da
   nova cosmologia para
   6 238-239
Filêmon como **6** 300
Salomé como filha de
   2 181, 182-183
Emil Stierli (*bookbinders*) **1** 43
Emptiness, plenitude e **5** 285;
   6 211
Enchentes, fantasias de Jung
   de **1** 17-19
Eneida (Virgílio) **1** 109-110
Enforcado (suspenso), "eu"
   como **4** 256-260; **7** 175,
   176, 180, 204, 247
Ensino **5** 237
Entendimento
   desejo humano de **1** 45
   necessidade de **6** 279
"Entendimento psicológico"
   (Jung, palestra) **1** 36
Entre-mundo **3** 113, 116
Erasmo **1** 13; **5** 213n.
Erikapaios **1** *130*
Eros **5** 274, 276; **6** 219, 220
Escavar, como motivo onírico
   1 45; **4** 264-265
Escolástica **5** 232, 271n.
Esculturas, de Jung **1** *148*
Espírito
   da era **1** 82
   da gravidade **1** 70; **6** 275
   da profundeza **1** 42, 46
   dos tempos **1** 42, 80
Espiritualidade
   como *daimon* **6** 224
   como manifestação dos
   deuses celestiais
   6 223-224
   como masculina **6** 226

como pássaro branco
6 226
do homem *vs.* mulher
6 223
Esposa, transferência da *aníma*
para I 100-101
Esqueleto de elefante 6 289,
293-294
Esquizofrenia I 91
medo de Jung da I 37
Estados hipnagógicos I 19, 25
Estados Unidos
viagem de Jung de 1924
aos 7 234n.
Estrelas, na cosmologia
indivíduo como
5 271-272, 277; 6 254
Deus interior como
5 274, 276, 277, 278;
6 254
"Estrutura da alma" (Jung,
palestra) 7 245n.
"Estrutura do inconsciente"
(Jung, palestra) I 51-53
Etnopsicologia I 13, 76
"Eu" I 23-24, 27, 33, 42, 57,
58, 70
aníma acusada de roubo
por 5 264-265
aníma como incapaz de
amar 7 162-163
aníma como prisioneira de
5 259, 261, 262, 263;
6 215, 288
aníma suspeitada por
2 155, 157; 4 249-250;
5 281; 6 287; 7 174-175,
218-219
autocomiseração do 5 217
autoflagelação do
5 215-225
como cadáver 6 267
como cercado por brilho
dourado 6 270
como diabo 6 249
como excessivamente
preocupado com outros
5 205, 230
como grávido com filho
da *aníma* 5 213

como pertencente à *aníma*
5 224
como precisando aliviar o
sofrimento de Deus
6 241-242
como precisando
completar sua obra
5 231-232, 250, 251;
6 230, 248, 252, 282,
283, 286; 7 181, 220
coração dado à *aníma* por
6 253-254, 256, 259, 261
Deus interior de;
cf. Fanes
diálogos da *aníma* com;
cf. *Aníma* (alma),
diálogos do "eu" com
domação própria do 5 223
exigência de obediência a
Deus de 6 242-243
falta de autoestima do
5 215-216, 220, 222, 223
falta de autoentendimento
do 5 224-225
Fanes como nascido do
6 268
Filêmon como oculto em
7 166
fragmentação do 6 231
fraqueza do 6 248
imortalidade do 7 169
impaciência do 5 218
incerteza do 5 228
Ka sobre a natureza de
7 169-170
oração aos mortos do
5 255-257
roubo da *aníma* da dureza
de 6 251
sermões aos mortos do
5 284-285; 6 207-215,
219-221, 223, 226
Si-mesmo como
diferenciado do I 74;
5 239n.; 6 291n.; 7 182,
248
Eva I 23
Expedição psicológica de
Bugishu I 90

Extrovertidos, extroversão I 17,
58; 2 158n.-159n.
Ezequiel (figura da fantasia)
4 207-208

Falo I 130; 5 241-242, 244,
269, 270
Brimo impregnada por
5 246
como espírito do corpo
5 242
como filho de Brimo
5 245-246
como sexualidade 6 224
na cosmologia da *aníma*
5 270; 6 254
pássaro branco como
companheiro de 5 246
Fanes (figura da fantasia)
I 70; 5 275-277; 6 270,
271, 280, 281, 283-284,
298; 7 172-173
aníma sobre a natureza de
7 176-180
caminhos internos e
externos a 7 182-183
como dentro e fora do
"eu" 7 176, 178, 180,
181, 182-183
como estrela 5 275, 276,
277, 278; 6 254
como mutável e imutável
7 178, 179
como nascido da solidão
7 203
como nascido do
sofrimento e alegria
7 194
como nascido do "eu"
6 269; 7 197
como novo Deus I 59-60;
7 174
como pássaro dourado
6 260-261, 268, 270
como pedra filosofal
7 173n.
como redentor 7 194
compromisso do "eu" com
7 172-173
desejo do "eu" de cantar
louvores a 7 204

em mandalas e imagens
I 122, *130, 140*
fala ao "e" e *anima* de
7 191-194
Filêmon como 6 298;
7 147, 148
Ka sobre 7 172-173
na religião órfica 6 260n.
oração como necessidade
de 6 264
sobre integralidade
7 192-193
sombras como adversário
de 7 180
tentativa de Ka de
construir templo para
7 173
tributos de Filêmon a
7 157-159, 165
cf. tb. Jovem árabe
Fantasias I 12
como caminho para o
autoconhecimento I 46
como independentes de
sonhos I 54
como produtos do
inconsciente pessoal e
coletivo I 100
conhecimento como
obstáculo para 2 186
diálogos em I 55-56, 101
em crianças I 14
em povos pré-históricos
e primitivos I 14
experiência de, como
mais importante do que
compreensão de
I 101-102
figuras mitológicas em
I 56
indução de I 54-55,
92-94
interpretação de I 36, 55
interpretação objetiva *vs.*
subjetiva de I 46
interpretação subjetiva *vs.*
objetiva de I 41
pensamento como
obscurecendo
revelações de 2 169-171

pensamento direcionado *vs.*
I 14
psicologia analítica como
fusão de ciência e I 112
raciocínio terapêutico
por trás de I 54
seminários de Jung sobre
I 107
separação da experiência
mundana em 2 165-166
cf. tb. Sonhos
Fantasias de Jung
busca de Jung por meios
de apresentar
descobertas de I 110-111
busca por sentido em
2 154-155, 164-165
ciência *vs.* I 110; 2 171;
3 99, 121, 122, 123-124,
126, 130
como autoexperimentação
I 15, 19-20
como revelação de nova
religião I 80-81
conhecimento como
nocivo a revelações de
2 171, 173-174, 185;
3 122-123, 7 215
correlação entre eventos
mundiais I 38-39, 46, 56
diálogo como elemento
central em I 24
diferenciação de vozes e
personagens em I 69
Líber Novus como
exposição de I 41
natureza assustadora de
2 154, 172
primeiro seminário
público sobre I 89
resistência inicial de Jung
à análise de I 20
suspensão de juízo e
interpretação em I 46
cf. tb. Sonhos de Jung
Fausto (Goethe) I 28, 36,
62, 69n., 82; 4 217n.,
228n.-229n.; 5 235n.,
270n.; 6 283n.

"*Fausto* e alquimia" (Jung)
5 270n.
Ferenczi, Sándor I 27
Fiechter, Ernst 7 235
Fiechter Jung, Sophie 7 235
Fierz, Hans Edward 7 248
Figuras da fantasia
como aspectos do
Si-mesmo I 70
destilação em tipos gerais
das I 71-72
usos das I 75
Filêmon (figura da fantasia)
I 59, 70, 102, 115-116,
134, 140; 2 197n.; 5 237,
240n., 258n., 261n.,
263n.-264n., 282n.,
283n.-284n.; 6 210n.,
212n., 223n., 226n.,
227n., 228n., 234n.,
245-246, 288-289, 293;
7 162, 169, 172, 179,
195, 196, 199, 201, 225
anima e 6 299-301
anima sobre natureza de
7 184
comentários sobre
fantasias de I 68
como Elias 6 300
como Fanes 6 298; 7 147,
148
como filho de Ha 7 149,
150
como luz 7 183-184
como mágico I 33;
2 228-229
como oculto no "eu" 7 166
como pai da *anima* 7 191
como Si-mesmo 6 292-293
como velho sábio I 44;
4 229n.
conversas sobre magia do
"eu" com 4 231-235
Cristo e 7 161
desidentificação de Jung
com I 69
em mandalas e imagens
I 148
"eu" captura 7 174-175

"eu" suspenso entre Ka e
7 175, 176
Fanes elogiado por
7 157-158, 165
forma terrena superada
por 6 296-297
Ka e 7 164n.
Ka como sombra de
7 164, 165, 166,
168-169, 183-184, 195
na casa de água 7 243-244
nos sonhos de Jung 7 195n.
pintura de 7 232n.
reaparição no Livro 5 de
1 44-45
rejeição por Ka dos
ensinamentos de
7 165-166
Salomé e 7 188-189
sermão sobre o homem
de 7 159-161
sobre a natureza do
homem 7 167-168
sobre imortalidade 7 168
sobre templo de Ka para
Fanes 7 173-174
templo de 7 233n.
união de Atmavictu e
6 296, 299; 7 148
velhice 4 228-229
verme acolhido por
6 246-247
Virgílio e 1 40
Zaratustra e 1 40
Fílon Judeu 3 103-105, 110
Filosofia grega 3 100n., 103
Flournoy, Theodore 1 52;
5 280n.
Fornalha, como lugar de
renovação 5 268-269
Franz, Marie-Louise von
2 199n.
Fraqueza, como força
7 187-188
Freud, Sigmund 1 15, 16, 17,
27, 28, 52n., 110; 2 161;
4 261n.; 5 203n.; 6 252n.
Frio como motivo da fantasia/
sonho 1 34-35, 42, 44;
3 114; 5 235; 6 278

Frobenius, Leo 3 131n.
Froebe-Kapteyn, Olga 1 111
"Função transcendente"
(Jung) 1 54
Funções contrárias,
inconsciente e 1 58
"Fundamentos psicológicos
da crença no espírito"
(Jung) 1 73

Gaia ciência, A (Nietzsche)
3 121n.; 5 240n.; 6 210n.;
7 121n., 182n.
Genealogia da moral (Nietzsche)
4 252n.
Ghosts (Moser) 7 198n.
Giacometti, Augusto 1 22
Gilbert, J.A. 1 94
Gilgamesh 3 120n.; 6 271
Gnostic Scriptures, The (Layton)
5 283n.
Gnosticismo 1 33, 50, 67,
108, 118; 2 193n.; 3 107;
5 235n., 270n., 274n.,
283n.-284n.; 6 245n.
Goethe, Johann Wolfgang von
1 28, 30, 36, 62, 74, 82;
4 217n., 228n.-229n.;
5 270n.; 6 276n.; 7 204n.
Golem 7 237
Gólgota 7 197
Goodrich, Chauncey 1 81
Graal 2 161n.; 4 219n.
Grande Mãe 1 102; 7 166,
208-209, 213-214, 215,
220
Wolff como emissária da
7 208-209, 213, 217
cf. tb. Mãe celestial
Guerra, como encarnação do
inconsciente coletivo
caótico 1 56
Guilherme Tell (Schiller) 2 213
Gurnemanz 4 219

Ha (figura da fantasia) 1 70,
115-117; 7 149-157
Filêmon como filho de
7 149, 150

Ka como alma de
7 163-164
mãe e pai de 7 151-152
runas explicadas por
7 152-153
semente dourada no olho
de 7 149-150
Hannah, Barbara 1 18n., 27,
88
Hap (figura egípcia) 5 246n.,
268n.
Harding, Esther 1 82, 90
Hauer, Wilhelm 1 104-105,
107-108, 111
Hauton Timorumenos (Terence)
3 136n.
Hécate 5 245n.
Helena (de Troia) 6 245n.
Hélios (figura da fantasia)
1 88; 3 106, 110
Héracles (Hércules) 2 151;
4 226; 6 228; 7 190n.
Hermafrodita 1 134; 6 280
Hermes 4 229n.; 5 236
Hermes Trismegistus 1 134;
4 230
Herodes, rei 2 181n.
Heróis 7 186
assassinato de 1 24, 38;
2 175-176, 183
identificação do "eu" com
4 218-219
identificação do
indivíduo com 1 14
mãe e 1 14
motivo de incesto 1 14
Heyer, Lucy 1 79n.
Hieróglifos; cf. Runas, de
Jung
Hinduísmo 1 66n., 74
Holderlin, Friedrich 1 117;
2 159n.; 6 255n.
Homem
de um braço só (figura da
fantasia) 7 206
de um olho só (figura da
fantasia) 2 211-216
do Oriente (figura da
fantasia) 6 274-275

enforcado (figura da fantasia) **4** 245
"Homossexualismo em Schreber" (apresentação de Schneiter) **5** 235n.
Hórus (deus egípcio) **1** 90; **2** 151; **3** 111
Hubbard, Arthur John **7** 203n.
Huris **6** 229-230

I Ching **1** 104; **7** 203n., 205n., 246-247
"Ideal of the Imitation of Christ, The" (Constable) **3** 137n.
Inácio de Loyola, Santo **1** 25, 111
Ignorância, de Jung, como tema dos *Livros Negros* **2** 152, 186, 187-188, 198; **3** 102, 103, 108, 109-110
Imagem de lama **2** 174, 178
Imagens de sangue **1** 18, 23, 37, 38; **2** 170, 195, 215-216; **3** 115, 134-136; **4** 214; **5** 226, 243-245, 246, 248; **6** 251; **7** 164-165, 205-206
Imaginação mitopoiética **1** 42
Imaginações ativas; cf. Fantasias
Imitação de Cristo **1** 41; **3** 137n.
Imitação de Cristo, A (Thomas de Kempis) **3** 137; **4** 206, 208n., 209, 217-218
Imortalidade **4** 238; **7** 168, 169, 170
desejo de **3** 121, 123-124; **4** 228, 229
Impaciência **4** 226, 228; **7** 194
"Importância do inconsciente na psicopatologia, A" (Jung, palestra) **1** 36
Incerteza **4** 262-263; **5** 208, 210-211, 226, 228-229, 234; **6** 248; **7** 171
Incesto **1** 14
Inconsciente coletivo **1** 12, 37, 91; **2** 176n.; **3** 112n.; **7** 193n.

ativação do **1** 73
guerra como encarnação do caos no **1** 56
literatura como produto do **1** 81-82
mitologia e **1** 14
necessidade da separação do **1** 57
síntese do inconsciente pessoal e; cf. Processo de individuação
Inconsciente pessoal
assimilação do **1** 52, 100
camadas filogenéticas do **1** 91
como fonte de sabedoria mais alta **1** 58
conceito de Jung do **1** 67, 72-73; **5** 225n.
diferenciação do inconsciente coletivo do **1** 52, 57
em luta para manter equilíbrio **1** 36-37
relutância de Jung em ver como arte produtos do **1** 21-22, 62, 66, 72-73, 82
síntese do inconsciente coletivo e; cf. Processo de individuação
vida ativa do **1** 17
"Individuação e coletividade" (Jung) **1** 54; **5** 203n.-204n.; **6** 224n.; **7** 177n.
Indivíduo
como precursor da árvore da luz **6** 260
na cosmologia **5** 271-272, 277; **6** 234
união de Abraxas e **6** 261
Inferno **4** 245-246, 255
Inferno (Dante) **2** 193n.; **4** 203n.
Inglaterra, visita de Jung à **1** 36, 76, 82, 90; **7** 198, 203n.
Instituto Federal Suíço de Tecnologia (ETH) **1** 110-111; **7** 191n.

Integralidade **7** 192-193
Intelecto, importância do **2** 160
Interpretação, como prejudicial a revelações de fantasias **2** 171
Interpretação dos sonhos, A (Freud) **1** 109
Introdução à psicologia junguiana (Jung) **2** 161n., 176n., 184n., 192n.-193n.
Introvertidos, introversão **1** 17, 58; **2** 158n.-159n.; **5** 24In.
Ioga **1** 63, 107
e runas de Jung **1** 115, 116-117
Irracional, repressão do **1** 58
Isaías, livro de **7** 164n., 196n.
Ísis (deusa egípcia) **1** 63-64; **7** 178n., 211, 213, 214
Izdubar (figura da fantasia) **1** 70, 72, 88, *148*; **3** 120-129; **6** 299; **7** 147n.
comentário de Jung a Jaffe sobre **3** 129n.-130n.
como transformado em sol **3** 131-132
paralisação pelo "eu" de **3** 122
Jaffe, Aniela **1** 30, 66, 110; **2** 176n.; **3** 129n.; **5** 282n., 284n.; **7** 149n., 199n.
James, William **1** 14, 56
Jardins **1** 98; **2** 180; **4** 218, 221-222, 228-230, 264; **6** 245-246
Jelliffe, Smith Ely **1** 60
Jensen, Peter **3** 120n.
Jesus Cristo **2** 151; **3** 111-112; **4** 213, 237; **5** 264; **6** 218, 232-233, 240, 249; **7** 147n., 172n., 178, 180, 214n.
como redentor **6** 233-235, 241
crucificação de **5** 276; **6** 240n.
distinção de Jung entre cristianismo e

ensinamentos de 1 83
"eu" como 2 196; 7 170
exigências da
humanidade a 6 233
Filêmon e 7 161
imitação de 3 137n.;
4 203, 210
nascimento de 6 272
símbolos de 5 209n.
João (evangelista) 3 104
João Batista, São 2 181n., 182,
183; 4 256
João, evangelho de 5 272n.;
7 157n.
Logos em 3 104-105, 107
Jovem árabe (figura de
fantasia/sonho) 1 70,
77; 7 221-225, 227-229
como além de ser e não
ser 7 224-225, 226
como aparição sem
conteúdo 7 222
como coração do mundo
7 222, 223
como filho do "eu"
7 229-230
como novo deus 1 78-79;
7 212-213, 227, 228-230
como Pleroma 7 226
como tudo e nada
7 225-226
doença de 7 230-231
em mandalas e imagens
1 142, 144
em sonho de Tunes
1 76-79; 7 222,
224-225, 226
"eu" como mestre de
7 222, 224-225,
227-228, 230-231
"eu" como vencendo o
7 222-223, 224,
225-226, 227, 229
forma mutável de
1 78-79; 7 228-229
mortos visitados pelo
1 81; 7 224-225
Judeus 2 202
Jung, C.G.
morte da mãe e 1 79, 82,
99, 103; 7 231, 234

serviço militar de
1 35-36, 50, 54, 60-61
Jung, Emma 1 31, 33, 47, 65,
69, 82, 84, 95; 2 199n.;
5 280n.; 6 247n.
aníma sobre o
relacionamento do "eu"
com 7 213, 215, 216-217
em sonhos de Jung
7 200, 201
e o relacionamento de
Wolff com Jung 1 31
fantasias de 1 33
relacionamento de Jung
com 1 69, 84, 95
sonhos de 7 242
Ka (figura da fantasia) 1 32,
70, 116, *134*, *148*;
7 163-164, 166, 179,
195-196, 198, 225
aníma sobre 7 184
como alma de Ha 1 116;
7 163-164
como criador da matéria
7 197, 199
como pai de Salomé 7 191
como sombra (oposto) de
Filêmon 1 116; 7 163n.,
164, 165-166, 168, 195
efetividade de 7 183-184
em mandalas e imagens
1 *148*
ensinamentos de Filêmon
rejeitados por 7 164-166
escuridão como domínio
de 7 183-184
"eu" captura 7 175
"eu" pendurado entre
Filêmon e 7 175, 177
na mitologia egípcia
7 163n.
na tentativa de construir
templo para Fanes
7 173-175
runas dadas a Ha por
7 163
sobre amor 7 164
sobre a sedução de
Salomé de "eu" 7 196-197

sobre Fanes 7 171-173
sobre natureza de "eu"
7 169-170
sobre natureza do homem
7 168-170
templos e túmulos de
Deuses construídos por
7 182
Kali 2 187
Kandinsky, Wassily 1 19
Keller, Adolf 1 51 ,65; 4 206n.;
5 203n., 241n., 280n.
Keller, Gottfried 2 168
Kerényi, Karl 1 111
Khidr (figura da fantasia)
1 70; 6 298
assassinato, como parte
da vida 5 205-206
Klingsor (figura da fantasia)
4 218, 219n.
cavaleiro (figura da
fantasia/sonho) 1 16;
2 160
cf. tb. O Vermelho
Kretschmer, Ernst 1 108
Krishna 1 *156*
Kundry (figura da fantasia)
4 218, 219

Lado sombra
"eu" como estando no
6 264
pastor (figura da fantasia)
4 265-268
Lago da Montanha (índios
Pueblo), encontro de
Jung com 1 86-87, 91
Lang, Josef 1 64, 66, 67,
69n.; 7 232n.
Latim 1 118
Lenda do Graal, A (Emma Jung
e von Franz) 2 199n.
Líber Novus (*Livro Vermelho*; Jung)
1 11, 17, 19, 34, 37, 38, 50,
54, 56, 58, 59, 82, 84, 89,
91; 2 158n., 196n.;
5 284n.; 6 263n.; 7 200
abandono do 1 105, 110
a busca de Jung por meios
de apresentar as

descobertas do
I 110-111

busca por método no
I 92

cabiros no 4 244n.;
6 282n.

camada dois do I 41, 46,
47, 53

comentário sobre crença
no 5 228n.-229n.

como guia para a
transição na metade da
vida I 99-100

como núcleo da
psicologia analítica I 112

como retratação do
processo de individuação
I 42

composição do I 39-43

conceito de símbolos no
I 73

depois do I 91

esboço corrigido do
I 42-43, 85

esboço do I 12, 40, 42,
48, 68

fantasias no I 68

fólio caligráfico do I 43,
72, 85, 104

forma do I 42

influência de *Zaratustra*,
de Nietzsche sobre I 40

integração da *aníma* como
tema central do I 101

mandalas e imagens no;
cf. Mandalas; Pinturas e
desenhos

material dos *Livros Negros*
processado para I 12,
39-40, 43; 2 154n.

planos de publicação para
I 85, 88

reconexão de Jung com a
alma como tema do I 41

texto explicativo
acrescentado ao I 40

Tipos psicológicos e I 74

tradução do I 119-120

transcrição de C. Baynes
do I 85, 88

cf. tb. *Liber Secundus*;
Aprofundamentos

Liber Secundus (Jung) I 43, 44;
2 198n., 205n.; 5 215n.

Libido 2 158n., 159n.; 5 235,
241n.; 6 227n.

Lichtenhan, Rudolf 5 284n.

Limites, aceitação de 4 221

Língua
adoração de 3 103-105,
107

como prejudicial às
revelações da fantasia
2 173-174; 3 136

povos primitivos e 2 185n.
grega I 118

Literatura
como produto ou da
cosmologia pessoal do
autor ou do inconsciente
coletivo I 82

Liturgia mitraica 5 272n.

Livro egípcio para os mortos 7 163n.

Livros Negros (Jung)
abandono dos I 105, 110
a busca de Jung por meios
de apresentar as
descobertas dos
I 110-111

busca por método nos
I 22-25, 92

como guia para a
transição na metade da
vida I 99-100

como núcleo da
psicologia analítica I 112

como registro de
autoexperimentação
I 11, 39, 88; 2 172

integração da *aníma* como
tema central dos I 41,
42, 53, 101

Liber Novus como
processamento dos
materiais dos I 12,
39-40, 43

o confronto de Jung
como o "eu" nos I 34

sonhos nos I 54

tradução dos I 115-120
cf. tb. Sonhos de Jung;
Fantasias de Jung

Long, Constance 7 163n.,
203n.

Loucura I 41
aníma sobre 4 211-212
medo de Jung da I 37
sociedade e 4 209-211

Löy, Rudolf I 44

Lua 5 270; 7 212, 213

Lucas, evangelho de 6 240n.;
7 161n.

Luxor 7 237-238, 240

Luz, criação da 6 282

Mãe I 14, 71; 5 270
aníma como 5 277; 6 217,
218-219, 238, 300
aníma como nascida
primeiro da I 100
criatividade da 4 271
símbolos para I 28
cf. tb. Grande Mãe; Mãe
celestial

Mãe celestial 5 245-246, 270
aníma como filha de
7 166, 167, 186-187
espiritualidade como
6 224
pássaro branco como
mensageiro de 6 225
cf. tb. Grande Mãe

Maeder, Alphonse I 46, 51,
85; 4 236n., 261n.;
7 170n.-171n.

Mães, esfera das 4 217n.

Magia I 33; 4 259; 7 220
advertências da *aníma*
sobre 6 259, 262-263
ciência *vs.* 4 224-225
compreensão como
antítese à 4 233
conversas do "eu" com
Filêmon sobre 4 230-235
costumes universais de
4 232
oferta da *aníma* de
4 222-223

razão e **1** 41; **4** 232-233
sacrifício exigido pela
4 223-225, 226
vara mágica **4** 223-224,
225-228, 230, 253,
256-257, 259
Magic as an Experimental Science
(Staudenmaier) **1** 25
Mago (figura da fantasia)
1 116-117
em mandalas e imagens
1 *134*
cf. tb. Ha; Filêmon
Mago, Simão **6** 245; **7** 189-190
Mal **3** 133; **6** 219, 300
Malleus Maleficarum (Sprenger
and Kramer) **6** 252n.
Mandalas **1** 61, 62, 72, 98,
99, 104-105, *122, 124,
126, 128, 130, 134, 146*;
7 149n.
como imagens do
Si-mesmo **1** 66, *66*
desenhos diários de Jung
de **1** 61
evolução do entendimento
de Jung de **1** 61-62, 66
Filêmon sobre a natureza
de **7** 166-168
Ka sobre a natureza de
7 168-170
sermão de Filêmon sobre
7 158-161
sermão do "eu" aos
mortos sobre **6** 226
cf. tb. *Liber Novus* (*Livro
Vermelho*; Jung), Mandalas
e imagens na
humanidade

Manicômio **4** 209-212
Maomé, profeta **6** 229, 230
Máquina do tempo, A (Wells)
7 201
Mar **3** 114-116
Marcos, evangelho de
7 164n.
Maria (virgem) **2** 187; **4** 213;
6 218

como mãe de Salomé e
Jung **2** 190
Massignon, Louis **1** 111
Mateus, evangelho de
6 266n.; **7** 160n., 161n.
170n.
McCormick, Edith Rockefeller
1 46, 51; **7** 202
McCormick, Fowler **7** 234n.
McKenna, Stephen **1** 120
Medeia, Salomé como **7** 193
Medtner, Emil **1** 76; **7** 221n.
Megalomania **2** 189
Memória, teorias da **1** 14
Memórias, sonhos, reflexões (Jung
e Jaffé) **1** 34, 35, 49, 71,
91; **2** 154n., 160n., 161n.,
176n., 184n.; **3** 135n.;
5 274n., 283n.-284n.;
6 239n.; **7** 163n., 211n.,
240
Mercúrio (figura alquímica)
1 109, *134*
Mês platônico **6** 235n.
Metal, "eu" transformado em
7 204
Metamorfose (Ovídio) **4** 228n.
Método, busca por **1** 22-25
Meyrink, Gustav **1** 67
Michelangelo **2** 188
Miller, Miss Frank **1** 20
Mime (figura da fantasia)
2 193-194
Misticismo islâmico **6** 298n.
Mitologia **1** 13, 53, 112; **3** 108;
4 214; **5** 245-246
ciência *vs.* **1** 14
egípcia **1** 90; **5** 241n.,
243-244; **7** 178, 214n.
em fantasias **1** 56-57
estudo de Jung da
1 13-14, 24
grega **7** 178, 190n.
inconsciente coletivo
e **1** 14
pessoal **1** 15
Moça (figura das fantasias)
2 152n., *162*
anima como **2** 151-153

Moisés, sexto e sétimo livros
de **4** 230
Moltzer, Maria **1** 22, 26-27,
28, 30, 37, 60; **6** 259n.;
7 170n.-171n.
como a branca **1** 60, 66
em renúncia do Clube
Psicológico **1** 65
Jung analisado por **1** 26
relação de Jung com
1 27, 63
ruptura de Jung com
1 64-67
sobre fantasias como arte
1 61
Monastério, em sonho de
Jung **2** 162-163
Monismo **4** 241-242
Monoteísmo **6** 213n.
"Moral Equivalent of War,
The" (James) **1** 56
Morgan, Christiana **1** 93,
106-107; **7** 149n.
Morte **2** 215-216; **3** 126;
4 226-227
de Atmavictu **6** 291-292
de Cristo **5** 276
desafio da **1** 16
diálogo do "eu" com
6 221-223
natureza da **1** 103-104
nos sonhos de Jung
2 161-162
santidade da vida e **4** 209
transição da metade da
vida como preparação
para **1** 103-104
Moser, Fanny **7** 198n.
Motivo
de fogo **5** 278-280;
6 266 276-277, 283,
285, 286-287, 292
de sacrifício **1** 28-29, 38,
154; **3** 133; **4** 223-225,
226, 251, 254, 256;
5 205, 231, 236, 238,
267, 279; **6** 251, 271,
276-277, 297; **7** 148,
195, 198

Mulheres
  anima sobre os
    relacionamentos do "eu"
    com **1** 60; **2** 153, 155;
    6 255, 257-259, 281;
    7 161-162, 163, 175,
    184-186, 195-196,
    206-208, 218
  animus em **1** 75
  como curandeiras **6** 229
Müller, Max **1** 13; **3** 133n.
Murray, Henry **1** 88
Mysterium coniunctionis (Jung)
  4 237n.
"Mystique moderne, une"
  (Flournoy) **5** 280n.

Nada
  plenitude e **5** 284-285;
    6 211
Naturphilosophie (Schelling)
  6 209n.
Néftis (deusa egípcia) **7** 211n.,
  214
Nekyía (sacrifício de sangue)
  1 119
Neoplatonismo **1** 67; **3** 100n.
Nesso **7** 190
Neurose **1** 36
Nibelungenlied **2** 175n.
Nicoll, Maurice
  7 198n.-199n.
Nietzsche, Friedrich **1** 40,
  66n., 74, 80, 81, 107,
  119; **2** 157, 172n.; **3** 121n.;
  4 204-205, 213, 223n.,
  252n.; **5** 203, 206n.,
  238n., 240n., 254n.;
  6 210n., 228n., 249n.,
  252n., 275n., 285n.;
  7 147n., 171n., 182n.,
  183n., 191n.
Nojo
  necessidade do "eu" de
    superar **6** 256-257
Norte da África
  viagem de Jung de 1920
    ao **1** 75-78; **7** 203n.

Nova religião
  as fantasias de Jung como
    revelações da **1** 81-82
  proclamação da, como
    grande obra do "eu"
    7 211-212
  relacionamentos como
    fundação da **1** 81,
    83-84; **7** 215
Novo mundo **2** 177; **3** 99
"Novos caminhos da
  psicologia" (Jung)
  4 266n.

O banquete (Platão) **5** 274n.
"O caminho daquele que
  virá" (Jung) **1** 43
O Vermelho (figura da
  fantasia) **2** 198-203
  como companheiro de
    viagem de Amônio
    3 116-119
  como diabo **3** 119
  queda de **3** 118
Odisseu **2** 183
"O entendimento
  psicológico" (Jung,
  palestra) **4** 206n.
"O inconsciente" (Jung)
  1 72-73
Ônfale **6** 228
"On the Symbol" (Schneiter)
  6 248n.
Opostos, reconciliação dos
  1 41, 74, 107; **4** 237,
  239-240, 241-244, 247,
  260
Oração **1** 87; **2** 159, 179, 204,
  208; **3** 106-107, 109-110;
  5 268; **6** 264; **7** 160
Oráculo délfico **1** 13
"Os aspectos psicológicos da
  Core" (Jung) **1** 71;
  2 197n.
"O simbolismo da mandala"
  (Jung) **1** 134, *158*, *160*;
  7 175n.
"O simbolismo do sonho"
  (Jung) **4** 26n.

Osíris (deus egípcio) **3** 111,
  112; **7** 178n., 211n., 214
"O sonho" (Jung) **6** 228n.
Ouro, desejo de **5** 236-237, 265
"O valor terapêutico da
  'ab-reação'" (Jung,
  palestra) **1** 75
Ovídio **4** 228n.

Paciência **5** 212, 217-218,
  260; **7** 182, 214
Papa **5** 249
Paraíso **6** 229-230
Parsifal (figura da fantasia)
  4 218-219
Passado, primordial **6** 293,
  295
Pássaro
  branco; cf. Pássaro
    branco
  dourado **6** 260-261, 264,
    265, 268, 270, 296
  preto (figura da fantasia)
    1 70; **6** 289, 291, 294
Pássaro branco **1** 16; **2** 156,
  160; **4** 258, 260; **5** 246;
  6 225-226, 260, 274n.
  anima como **4** 258, 260;
    6 301
Patanjali **1** 111
"Patmos" (Holderlin) **1** 117;
  6 255n.
Persona **1** 52-53, 74; **7** 193n.
Pedro, São **2** 187
Pensamento
  anima confundida com
    2 171
  busca pela essência
    humana bloqueada pelo
    6 210
  como evento exterior ao
    Si-mesmo **2** 189
  direcionado **1** 14
  fantasia; cf. Fantasias
  revelações da fantasia
    obscurecidas pelo
    2 169-171
  sentimento *vs.* **1** 41
  cf. tb. Razão

Personalidade
mana **I** 102
transformação da **I** III
Pinturas e desenhos **I** 12, 72,
132, 136, 138, 140, 142, 144,
148, 150, 152, 154, 156, 158,
160; **7** 198n.-199n., 215n.,
219-220, 232n.
cf. tb. Mandalas
Piper, Leonora **I** 19
Platão **2** 201n.; **7** 171n., 226n.
Plenitude
vazio e **5** 283-285; **6** 211
cf. tb. Pleroma
Pleroma (plenitude)
5 270-272; **6** 215, 218,
219, 220, 224, 227, 254,
260, 300
como pares de opostos
6 209, 212
como Si-mesmo **7** 226
como vazio e plenitude
5 284-285
Deus e diabo como
manifestações do **6** 212
jovem árabe como **7** 226
natureza do **5** 285
sem qualidades **6** 210
sermão do "eu" aos
mortos sobre **5** 284-285;
6 207-212
Plotino **I** 120
Pobreza **7** 159-160
Poder **4** 226-227
Poligamia **6** 229-230
Polzeath, seminários de Jung
em **I** 82-83
Pompeia **2** 161
Porter, George **7** 234n., 240
Portmann, Adolf **I** III
Pound, Ezra **I** 117, 119
Povos primitivos,
pensamento primitivo
sonhos e **2** 185n.
fantasia e **I** 14
língua e **2** 185n.
realidade como vista por
2 177n., 185n.
síntese de pensamento
ocidental e **I** 91

Prazer
Salomé como **7** 189,
190-191, 193
Presentes
dar **5** 237-238, 240
Preta, a **6** 258-259, 263, 297;
7 163, 185-186
Wolff como **I** 60
Primeira Guerra Mundial
como irrupção do
irracionalismo
reprimido **I** 58
imagens apocalípticas
antes da **I** 19
irrupção da **I** 37, 38, 39,
46
Princípio masculino
sol como **7** 212, 213, 214
Principium individuationis;
cf. Diferenciação
Processo criador de religião
I 82-83
Processo de individuação
I 52, 59, 71-72, 100,
107, III-112, *134;*
6 227n.-228n.
como desenvolvimento de
funções contrárias **I** 58
como padrão geral do
desenvolvimento
humano **I** 100
como síntese do
inconsciente pessoal e
coletivo **I** 52
Liber Novus como
retratação de **I** 42
símbolos alquímicos para
I 108
Si-mesmo e **I** 99,
102-103; **5** 238n., 239n.
valores socialmente
reconhecidos e **I** 53-54
Professor (figura da fantasia)
4 209-210, 212-213
como diabo **4** 213
Profundeza, descida para a
2 159, 168-170, 171-172,
179-184, 186-191; **7** 208
Prometeu **6** 276

Protágoras (Platão) **2** 201n.
Psicologia
arte e **I** 89
religião e **I** 82-83, 91-92
Psicologia analítica **I** 82-83,
84, 92, 100, 112
"Psicologia analítica" (Jung;
seminários) **I** 89
"Psicologia analítica e
educação" (Jung;
palestra) **I** 85
Psicologia de desenvolvimento
I 99
"Psicologia do inconsciente, A"
(Jung, palestra) **2** 177n.,
185n.
Psicología do Kundalini Yoga, The
(Jung) **I** 60
Psicología dos processos inconscientes
(Jung) **I** 12, 56-58, 99;
5 274n.; **6** 252n.
Psicología e alquimia (Jung) **I** 98;
5 209n.; **6** 290n.
Psicose **I** 36, 38
Psicoterapia
nova concepção de Jung da
I 91-94
origens da **I** 92
"Psicoterapia e a cura de
almas" (Jung) **3** 138n.
Psiquiatria, como incapaz de
diferenciar entre
experiência religiosa e
psicologia **I** 91-92
Purgatório (Dante) **2** 198

"Questões atuais da
psicoterapia"
(correspondência entre
C.G. Jung e R. Loÿ) **I** 44
Quispel, Gilles **I** III

Rãs, As (Aristófanes) **2** 169n.
Rauschenbach-Schenk,
Bertha **2** 162n.
Razão
amor e **4** 274
magia e **I** 41; **4** 231-234
revelações da fantasia
obscurecidas pela **4** 232

Redentor 1 44-45; 5 239, 256, 262; 6 233-235, 241
   figura da fantasia 4 213-214
Régua 4 263-264
Reichstein, Madeleine 7 234
Relacionamentos 1 106n.
   aníma sobre 7 213, 215
   como foco da psicologia analítica 1 84
   como fundamento da nova religião 1 81, 83-84; 7 215
Relações entre o eu e o inconsciente (Jung) 1 100; 5 239n.; 7 163n.
Religião 1 13; 4 238
   comparativa 1 13, III
   comunalidade da 3 III-II3
   futuro da 1 41
   órfica 2 169n.; 6 260n.
   psicologia e 1 82-83, 91-92
   repressão da 1 58
   cf. tb. Nova religião
Religião Pueblo
   o sol na 1 87
Resposta a Jó (Jung) 1 50, 71; 6 213n.
Rousselle, Erwin 1 III
Runas, de Jung 6 262
   C. Baynes sobre 1 116
   como mensagens da Grande Mãe 7 208-209, 213, 214
   explicação de Ha das 7 152-153
   ioga e 1 115, 116-117
   Ka como doador das 7 163
   tradução das 1 115-117
Sabedoria oriental 1 105, 107-108; 6 221-223, 249n.
Sacred Books of the East (Muller) 1 13; 3 133n.
Salomé (figura da fantasia) 1 23, 58, 70; 2 181-184, 186-191, 195-197, 210; 4 249, 256-257, 260; 6 235-236, 238-239, 266-267

aníma como 2 187-188; 6 300; 7 185-187
   cegueira de 2 180, 181, 186
   cegueira renovada de 6 266
   como filha de Elias 2 181, 182-183
   como irmã da *aníma* 7 191n.
   como irmã do "eu" 2 190
   como Medeia 7 193
   como prazer puro 7 189, 190-191, 194
   como ser real *vs.* simbólico 2 183, 188
   companheiros de 7 186-187, 188-189
   convocação pelo "eu" de 7 186-187
   "eu" seduzido pela magia de 7 196-197
   Filêmon e 7 189-190
   Ka como pai de 7 191
   mistério de 7 187-192
   rejeição pelo "eu" do amor de 2 181-182, 183-184, 189-190; 4 249-253
   restauração da visão pelo "eu" de 2 197; 4 249-250, 256
   sobre impaciência do "eu" 7 194
Salvação 4 215; 5 267
Santíssima Trindade 4 240, 241, 242, 244
Satanás 3 113, 116; 4 240, 24In., 244, 259-261
   convoção pela *aníma* de 4 240-241, 244
   fusão de Deus e 4 239, 240
Schelling, Friedrich 6 209n.
Schiller, Friedrich von 1 30, 72; 2 213
Schlegel, Eugen 1 85
Schloss, Jerome 7 240
Schmid, Hans 1 44, 45; 5 24In.
Schneiter, Conrad 5 235n., 280n.; 6 248n.

Schopenhauer, Arthur 5 27In.; 6 249n.
Secret of the Golden Flower, The (Wilhelm) 1 104-105, *160*
Seelenprobleme der Gegenwart (Problemas da alma nos tempos atuais) (Jung) 1 106
Seif, Leonhard 1 33
Semente dourada, em olhos de Ha 7 149-150
Sensação
   Ka como 7 163n., 183-184
   Salomé como 7 189-190, 193-194
Septem Sermones ad Mortuos (Sete sermões aos mortos; Jung) 1 49-51, 68, 88; 5 282n., 283n.-284n.; 7 157n., 16In.
Serpente 1 23; 2 170; 3 106-107, 133-134; 4 226-227, 259; 7 184
   aníma como 6 217, 218, 238, 301
   atacada por homem de um braço só 7 207-208
   batalha entre formas preta e branca de 2 192-193
   dourada 6 286
   Elias e Salomé acompanhados por 2 180, 183, 186-187, 190-191, 194, 196, 197; 4 250, 252-253
   em mandalas e imagens 1 *130*, *136*, *138*; 7 219-220
   na cosmologia da 5 270
   nas runas de Ha 7 152-157
   sexualidade como 6 225
   vara mágica na forma de 4 222-223, 225-228, 230, 253, 259
Serpente branca 6 289-290
   como Si-mesmo de Atmavictu 6 291, 292
   ossos primordiais interpretados pela 6 293-295

Servo, servidão **6** 216; **7** 160, 162
   exigência da *aníma* de **6** 272-274
Seth (deus egípcio) **3** 112; **7** 178n., 211n.
Sexualidade
   aníma sobre **6** 253
   como *daímon* **6** 223-225
   como feminina **6** 225
   como manifestação de deuses terrenos **6** 223-224
   como serpente **6** 225
   do homem *vs.* mulher **6** 223
Siegfried (figura onírica) **1** 38
   assassinato de **2** 170n., 173-176
Sigg, Hermann **1** 75, 103; **7** 202n., 203n., 234n.
   fantasia de Jung sobre **7** 239
   morte de **7** 237, 239
Sigg, Martha **1** 26, 65
Silberer, Herbert **1** 25
Silesius, Angelus (Johann Scheffler) **6** 228n.; **7** 176n.
"Simbolismo onírico individual em relação à alquimia" (Jung) **1** 109
Símbolos
   como combinação do racional e irracional **1** 72-73
   formação de **1** 107
   interpretação de **1** 41, 45-46
   mistério como qualidade essencial dos **1** 45-46
Si-mesmo **1** 66, 98-99; **5** 238n., 239n., 240n.; **6** 291, 292-293
   assimilação da personalidade mana por **1** 102
   como deserto **2** 164, 165
   Deus como renascido no **1** 68, 102; **5** 239-240; **6** 227n., 287

em *Aprofundamentos* **1** 68
"eu" como diferenciação do **1** 74; **5** 239n.; **6** 291n.; **7** 182-183, 247-248
figuras da fantasia como aspectos do **1** 70
Filêmon como **6** 293
individuação e **1** 99, 102-103; **5** 239n.
mandalas como imagens do **1** 62, 66
pensamentos como eventos exteriores ao **2** 189
Pleroma como **7** 226
reconexão com **5** 239
Simplicidade, necessidade de **5** 252-253
escravos, escravidão **4** 252; **6** 242, 273; **7** 186
"Sinal de fogo, O" (Nietzsche) **5** 203n.
Sincronicidade, um princípio de conexões acausais (Jung) **3** 108n.
Sistemas
   falácia de **4** 247
Sociedade
   individuação e **1** 53-54
Sociedade da Língua e Literatura Alemãs **1** 75
Sociedade de Pesquisa Psicológica **1** 73
Sociedade Psicanalítica de Zurique **1** 30, 35; **2** 158n.; **4** 236n., 261n.; **5** 203n.
   cf. tb. Associação de Psicologia Analítica
Sócrates **5** 274n.; **7** 171n.
Sofistas **2** 201
Sofrimento
   alegria e **4** 238; **5** 218; **6** 255, 256; **7** 191-192, 193, 194, 219
   dos deuses **6** 241-242
Sol **1** 98-99; **2** 168-170, 193-194, 195; **3** 106-107, 120, 121, 125, 127; **4** 214; **5** 214, 270

como princípio masculino **7** 212, 213
em mandalas e imagens **1** 142, 144
Izdubar transformado em **3** 131-132
na cosmologia da *aníma* **5** 270, 272; **6** 254
na cosmologia Pueblo **1** 87
nas runas de Ha **7** 152-157
renascimento do **3** 131n.
Solidão **2** 164-165; **5** 203-204, 205, 214, 229, 230-231; **6** 271, 278, 289; **7** 204
   comunhão e **7** 192
   Fanes como nascido da **7** 203
Solilóquies (Agostinho) **1** 21
Sombras (figuras da fantasia/ sonho) **1** 70, 71, 115-116; **2** 169; **7** 166-167
   como adversárias de Fanes **7** 179-181
   como alma da *aníma* **6** 272
   como aspectos negativos da personalidade **1** 57n.; **5** 225n.
   discurso de Filêmon às **7** 162
   em mandalas e imagens **1** 148
Sonhos
   concepção de Jung dos **4** 261n.
   interpretação subjetiva *vs.* objetiva de **1** 41
   povos primitivos e **2** 185n.
   cf. tb. Fantasias
Sonhos de Jung **1** 76-78; **6** 285, 285n.; **7** 172n., 173n., 174, 200-207
   árvore de luz (Liverpool) em **1** 98-99, 103, *158, 160*; **7** 238-239
   casa assombrada em **7** 199n.
   cavaleiro em **1** 16; **2** 160
   descida à profundeza em **2** 168-169

doze em **1** 16-17
Edith McCormick em
  7 202
Emma Jung em **7** 200,
  201, 241
"eu" em **1** 99
fantasias como
  independentes de **1** 54
Filêmon em **7** 195n.
garoto com cabeça de
  rã em **7** 232-233
homem que não pode
  morrer em **1** 16
jovem árabe em;
  cf. Jovem árabe
mãe de Jung em **7** 201-202
moça jovem em **2** 152n.,
  162
monastério em **2** 162-163
morte da *anima* em
  1 95-96; **7** 234
morte da prima da esposa
  em **2** 161n.
morte de Siegfried em
  2 170n., 175-176
mortos em **2** 156, 160
motivo de escavar em
  1 45; **4** 265
motivo do frio em
  1 34-35, 44; **5** 235
museu anatômico em
  7 200
ossos pré-históricos em
  2 154; **6** 294-295
pai de Jung em **7** 231
pássaro branco em
  6 274n.
pássaro/garota em
  1 16-17, 29; **2** 156
premonição do fim do
  mundo em **7** 203
queda de árvore em
  7 147n.
radiolária fantástica em
  2 154n.
rastros de animais
  enormes em **7** 236
Sigg em **7** 237-238, 241
sol em **1** 98-99

templo em **7** 235-236
viagens marítimas em
  1 34-35, 37; **7** 201n.
Wolff em **1** 30
Wotan em **7** 231n.
cf. tb. Fantasias de Jung
Sono de incubação **4** 218
Spielrein, Sabina **1** 116
Staudenmaier, Ludwig **1** 26
Stockmayer, Wolfgang **1** 86
Sturzenegger, Hedwig Bendel
  2 161
Summa theologica (Aquino)
  6 213n.
Summum Bonum **6** 214, 219
Suzuki, D.T. **1** 111
Swanage, Inglaterra,
  seminário de Jung sobre
  análise de sonhos em
  1 90; **7** 217n.
Swedenborg, Emanuel **1** 25,
  36, 69n.; **4** 258n.
Systema Munditotius (Jung) **1** 48,
  130; **5** 279n.; **6** 265n.

Tabula smaragdina **1** 17
Tages **2** 151
Taoismo **1** 74
Taos, Novo México
  visita de Jung a **1** 86-87
Tentação
  como inescapável
  4 208-209
Tentação de Santo Antão, A
  (Flaubert) **3** 113n.
Teologia medieval
  estudo de Jung da
  5 219n.
"Teoria da Psicanálise" (Jung;
  palestra) **1** 26-27
Terêncio **3** 136n.
Terra
  como corpo do "eu" **7** 212,
  213
  como mãe **5** 270
  na cosmologia da *anima*
  5 270; **6** 254
Tomás de Kempis **3** 137;
  4 203-204, 206,
  208-209, 217-218

Tiamat (deusa babilônica)
  3 122
Timeu (Platão) **7** 226n.
Tipos psicológicos **1** 17, 41, 44,
  58, 65
  e reconciliação dos
  opostos **1** 74; **4** 241n.
Tipos psicológicos (Jung) **1** 97,
  105; **4** 229n.; **7** 159n.,
  176n., 203n.
  Liber Novus e **1** 74
Torre **2** 198-200, 204
  em Bollingen **1** 94;
  4 29n.; **7** 233n., 237n.
Toth (deus egípcio) **1** 32;
  4 230n.
Tradução
  das runas de Jung **1** 115-117
  natureza da **1** 117-120
Transferência **1** 30; **2** 158n.
Transformações e símbolos da libido
  (Jung) **1** 13-15, 19, 27, 28,
  29, 57, 92, 108, 116;
  2 175n.; **3** 120n.; **5** 232n.,
  245n., 270n., 284n.;
  6 223n., 260n., 283n.;
  7 226n.
Transição na metade da vida
  1 99-100
  como preparação para a
  morte **1** 103-104
Tripitaka **7** 236
Trüb, Hans **1** 33, 85; **7** 202n.
Tucci, Giuseppi **1** 111
Túnis
  Jung em **1** 76-77
Turco (figura da fantasia)
  6 229-230

Última ceia **4** 236; **5** 257;
  6 231
Uróboro **6** 290n.
"Urworte. Orphisch"
  (Palavras primordiais.
  Órficas; Goethe) **7** 204n.

Vaidade **2** 151-152, 156-157,
  167, 168, 171, 211; **3** 137;
  4 227; **5** 217n., 220; **7** 204

Velhice **4** 233-234
Velho nórdico **1** 118
Velho sábio (figura da
    fantasia/sonho) **1** 44,
    69, 71, 89, *134*;
    2 205-206; **4** 229n.
    cf. tb. Elias; Filêmon
Ver, enxergar *vs.* **6** 294
Verdade
    busca pela **2** 167-168;
      4 204, 205, 215
    como residindo no "eu"
      7 171
    subjetiva *vs.* objetiva **5** 208
    vida como **4** 215
Verme **6** 276; **7** 166
    Filêmon como anfitrião
      do **6** 246-247
    cf. tb. Abraxas
Viagens **2** 150, 164; **3** 119-120,
    128-129
    marítimas **1** 34-35, 37;
      4 212; **7** 199n.
Vida, viver
    absoluto *vs.* **4** 242-245
    amor na **5** 251
    anima sobre **4** 248-249
    como mais elevada do que
      o bem **7** 180
    como nutrir o Deus
      interior **5** 276
    como sombra **5** 247-248
    como verdade **4** 215
    matar como parte da
      5 205-206
    santidade da **4** 209
Vingança
    sede de **6** 249
Virgílio **1** 109-110
Virtude, autoesquecimento
    5 238-239
Vischer, Friedrich Theodor
    3 130
Voltaire **4** 221n.

Wagner, Cosima **6** 285n.
Wagner, Richard **2** 175n.,
    176n.; **4** 219n.; **6** 285n.
Wallis Budge, E.A. **1** 32n.;
    5 244n.; **7** 163n.

Wells, H.G. **7** 201
White, Victor **1** 111
White, William Alanson
    3 112n.
Wickes, Frances **7** 218n.,
    234n.
Wilhelm, Richard **1** 104-105,
    108, *160*
Wolff, Erna **1** 27
Wolff, Toni **1** 26, 60, 82,
    90, 97; **4** 203n.; **5** 203n.,
    280n.; **6** 259n., 261n.;
    7 173n., 199n., 232n.,
    234n., 236n., 240n.,
    245n.
    análise de Jung de
      1 27-28, 30-31
    anima sobre o
      relacionamento do "eu"
      com **7** 207-209, 210-211,
      212, 213, 214-215, 217-218
      219-220
    casamento criticado por
      1 31
    como a preta **1** 60
    como assistente de
      pesquisas de Jung
      1 28-29
    como emissária da
      Grande Mãe **7** 208,
      209, 217
    como Néftis **7** 214
    dependência de Jung de
      1 96-97
    depressão de **1** 28
    diários de **1** 27, 28-29,
      30n., 31, 32
    e desenvolvimento das
      ideias de **1** 96-97
    fantasias de **1** 28, 31-32
    relacionamento de Jung
      com **1** 29-33, 84, 95, 96
Wotan (figura da fantasia)
    1 70, 79, 117; **7** 227-228,
    229-230
    como símbolo da revolta
      social alemã **1** 80
    nos sonhos de Jung **7** 231n.

"X" (Cristo) **6** 245-247

Zimmer, Heinrich **1** 105,
    108, 111
Zurique, Universidade de **1** 34
Zwei Menschen (Dehmel) **5** 203

.